luftschacht

Gilman ist der Anführer einer rechtsextremen Gruppe, die Todeslisten ihrer Mitschüler führt. Als Pete von Gilman den Auftrag bekommt, für 500 Dollar Bill zu töten, weil er dessen Notizbuch haben will, sucht Pete bei Larry Hilfe. Larry wirkt gefühlskalt und ist gewaltbereit, er erledigt den Job scheinbar ohne Mitgefühl. Aber Larry wird von Schuldgefühlen gequält, er glaubt sich verantwortlich für den Tod eines Freundes. Und er fühlt sich in Sorge zu seinem kleinen Bruder hingezogen, den er aber dennoch schwer misshandelt. Als Larry beginnt, im Notizbuch des ermordeten Bill zu lesen, nehmen seine Verwirrung und Zerrissenheit noch zu. Die Schraube der Gewalt wird immer fester angezogen, bis es kommt, wie es kommen muss – es fallen Schüsse ...

Verwirrung und Zerrissenheit und das Umfeld, aus dem jene hervorgehen, stehen im Zentrum von *Mein loser Faden*, das neben Gus van Sants *Elephant* die wohl schockierendste Reise in den Kopf eines amerikanischen Teenagers ist. Cooper gelingt es meisterhaft, sich diesem heiklen Sujet ohne jeglichen Voyeurismus anzunähern, er zeigt erbarmungslos auf, dass Gewalt nicht nur die Ränder unserer Gesellschaft betrifft, sondern dass sie aus ihrer Mitte entspringt und ihr eine lange Entwicklung emotionaler Verwahrlosung vorausgeht. *Mein loser Faden* ist eine Reportage über jugendliche Depression, moralische Leere und die Verwirrungen der Liebe, es ist klaustrophobisch und das Erschütterndste daran ist die Erkenntnis, wie nahe Gewalt an Liebe oder besser dem Wunsch danach liegt.

DENNIS COOPER ist Autor von elf Romanen sowie zahlreichen Lyrikbänden und Sachbüchern. Seine Bücher wurden in 19 Sprachen übersetzt. Sein Roman *The Sluts* (2005, erscheint 2019 bei Luftschacht) gewann den Prix Sade und den Lambda Literary Award für den besten Roman des Jahres. Seine jüngsten Romane sind *The Marbled Swarm* (2012) und zwei einzigartige, international gefeierte Arbeiten, die zur Gänze aus animierten GIFs bestehen: *Zac's Haunted House* (2015) und *Zac's Freight Elevator* (2016). Er arbeitete für den Spielfilm *Like Cattle Towards Glow* (2015) mit dem Künstler und Regisseur Zac Farley zusammen und schreibt seit 2004 für den französischen Theaterdirektor und Choreographen Gisele Vienne. Zudem ist Cooper Chefredakteur des amerikanischen Verlagimprints Little House on the Bowery und ein weithin veröffentlichter Kunstkritiker und Journalist, sowie mitwirkender Redakteur des Artforum International Magazine.

Dennis Cooper lebt in Paris und Los Angeles.

www.dennis-cooper.net   denniscooperblog.com   www.kiddiepunk.com

RAIMUND VARGA, *1970 in Wien, wo er auch als Unterrichtender, Lektor und Übersetzer lebt.

Dennis Cooper

Mein loser Faden

Roman

aus dem amerikanischen Englisch von
Raimund Varga

Luftschacht Verlag

Titel der amerikanischen Originalausgabe: *My Loose Thread*
Copyright © 2001 Dennis Cooper

First published simultaneously in Great Britain and the United States of
America in 2002 by Canongate Books Ltd, 14 High Street, Edinburgh EH1 1TE

Diese Übersetzung folgt der Ausgabe von 2003.

ISBN-13: 978-1-84195-412-7
ISBN-10: 1-8419-5412-8

Der Autor ist auf ewig dankbar: Joel Westendorf, Amy Gerstler, Ira Silverberg,
Jamie Byng, Colin McLear, Sue De Beer, Rob Weisbach und Terrence Malick.

© Luftschacht Verlag – Wien
luftschacht.com

Alle Rechte an der deutschsprachigen Ausgabe vorbehalten
1. Auflage 2018

Umschlaggestaltung: Matthias Kronfuß – *matthiaskronfuss.at*
Satz: Luftschacht
  gesetzt aus der Metric und der Noe
Druck und Herstellung: Finidr s.r.o.
Papier: Munken Print Cream 100 g/m², Geltex glatt 115 g/m²,
  Surbalin glatt 115 g/m²

ISBN: 978-3-903081-23-9
ISBN E-Book: 978-3-903081-66-6

1.

Wir parken auf den Hügeln mit Blick auf die Stadt. Es dämmert, oder auch nicht. Da unten können sie nicht mehr so sehen wie zuvor. Sie werden eine Zeit lang brauchen, um das festzustellen. Wenn es soweit ist, wird es von hier oben vermutlich großartig aussehen. Das ist sein Ding.

„Schön", sagt er. Es ist gerade passiert.

„Vermutlich."

Er hat ein Gesicht aus Norwegen oder so, das mir nie in die Augen schaut. Abgesehen davon ist er nur ein Freund meines Bruders.

„Ist dir langweilig?", sagt er.

„Nein." Ich muss abwesend wirken, aber ich bin ganz bei mir.

„Sicher?", sagt er.

Wenn ich nicht antworte, schreibt er in sein Notizbuch. So ist er. Dauernd kritzelt er da was hinein. Niemand kann lesen, was er geschrieben hat. Man kann es verschließen, nur für alle Fälle.

„Tun wir's."

Er schließt sein Notizbuch und verstaut es in seinem Rucksack. „Ich weiß nicht mehr, was ich getan habe, bevor ich dich und Jim kennengelernt habe", sagt er. Jim ist mein Bruder.

„Nicht viel."

Ein Zwölftklässler zahlt mir fünfhundert Dollar, damit ich ihn töte. Eigentlich hat Pete den Auftrag bekommen. Aber er

hat mich gebeten zu helfen. Ich weiß den Namen des Zwölft-
klässlers noch nicht, oder was sein Problem ist. Ich kann den
Jungen gerade gut genug leiden, um vorzutäuschen, dass
wir Freunde sind. Mein Fall ist er nicht, aber vermutlich ein
ungeheures Paradebeispiel eines solchen für irgendjemand
anderen. Vor zwei Tagen trank Jude mir zuliebe genug, um
ihn zu verführen. Ich habe vorgegeben, weggetreten zu sein
und dann zugesehen. Es hat mich so wütend gemacht, dass
ich schon da beschlossen habe, ihn zu töten. Also hat es vermutlich funktioniert. Sie und ich haben über nichts davon
gesprochen, aber es hat mich verändert. Es sind Kleinigkeiten im Verhalten, die ich feststelle. So wie heute Nach-
mittag. Bevor ich abgehauen bin, habe ich zu ihr gesagt, sie
würde mich nicht genug lieben. Daraufhin hat sie beinahe dasselbe zorniger zu mir gesagt. Nachdem ich weg war,
wurde ich deswegen wütend. Vielleicht schieße ich mir ja
in den Kopf, nachdem ich ihn getötet habe. Das ist anders.

Wir fahren zur Hütte von Judes Eltern. Sie liegt östlich der
Stadt, in jenem Ferienort, wo einige ihrer Freunde snow-
boarden. Sie hat mir eine primitive Karte gezeichnet. Wir
sind immer noch irgendwo in der Wüste, aber ich kann etwas Großes von gebirgiger Form sehen. Außerhalb des Autos
ist es sehr schwarz, bis auf dieses Funkeln zur Linken. Für
mich sieht es nach einer Stadt aus, aber ihm zufolge ist es zu
vereinzelt. Sonst haben wir eine Weile nichts gesagt.
    „Ich weiß", sagt er.
    „Was weißt du?" Ich wüsste nicht, wie er das könnte.
    „Ich sag's dir später."
    Wir beschließen, etwas zu essen. Ich will mich hinsetzen,
und da ist ein nicht überfülltes IHOP[1] . Es ist wie die Millionen
anderen im ganzen Land. Er bestellt Pfannkuchen und zieht

---

[1] International House of Pancakes (US-amerikanische Restaurantkette)

sein Notizbuch heraus. Ich bestelle ein Steak, weil es länger dauert, um es zuzubereiten. Dann gebe ich vor, pinkeln zu gehen und suche die Telefonzelle.

„Pete, ich bin's." Er ist bereits mit Jude bei der Hütte, aber ich weiß, dass sie ihn nicht fickt. Sie mag große, introvertierte, dünne Typen wie mich.

„Ja", sagt er. „Wart mal eine Sekunde. Sch."

„Wir sind auf dem Weg."

„Wo seid ihr?", sagt er. „Halt's Maul, Jude. Ich kann ihn nicht hören."

Vor einem Jahr habe ich versehentlich meinen Freund Rand getötet. Er saß tief in der Scheiße wegen Drogen und musste mir sein Auto verkaufen. Aber er ist mir gegenüber deswegen ausgerastet, und ich habe ihm einen zu festen Faustschlag verpasst. Niemand gab mir die Schuld, also tat ich es auch nicht. Das ist nicht die ganze Wahrheit, aber als Pete mich gebeten hat, ihm bei der Sache zu helfen, war das für mich okay. Der Junge denkt, das mit Rand sei interessant. Er fragte mich eine Weile, ob ich gerne Leute schlage. Als ich schließlich *Nein* gesagt habe, hat er geweint. Er ist sehr tiefgründig, weshalb ich zugewartet habe. Das ist mein Ding, menschliche Tiefe. Aber als ich sah, wie er Jude gefickt hat, habe ich die Tiefen erkannt, in die ich würde hinabsteigen müssen.

„Wie war dein Essen?", sage ich im Sitzen. Mein Steak ist gekommen.

„Gut." Er war zusammengesackt und aß oder schrieb kaum.

„Was ist mit dir los?"

„Ich sag's dir später", sagt er. Dann schaut er mir zu, wie ich esse, mit diesem ernsten Blick, den er oft macht. Ich schwöre, es ist Vertrauen. Genau so sieht es aus.

Wir sind vom Highway abgefahren, auf eine unbefestigte Straße. Wir sitzen Seite an Seite auf der Motorhaube. Es ist so warm. Wenn man sich die Sterne als weit entfernte, auf den Kopf gestellte Stadt bei Nacht vorstellt, kommen sie einem wichtiger vor. Diesen Trick habe ich von ihm gelernt, aber er kann ihn besser.

„Ich weiß", sagt er, nach viel Stille.

„Was weißt du?"

„Was passiert", sagt er.

Ich bin nicht sicher, ob er meint, in Hinblick auf das Getötetwerden, oder am Himmel, oder was. „Ja?"

„Diese Nacht mit Jude", sagt er.

„Also hat sie es dir erzählt." Das scheint zweideutig genug.

„Ich hab's in deinen Augen gesehen", sagt er.

„Bullshit."

„Und jetzt auch", sagt er. Er rutscht von der Motorhaube, dann höre ich die Beifahrertür quietschen.

„Was gesehen?"

„Aber tust du mir zuerst einen Gefallen?", sagt er. Dann händigt er mir sein unverschlossenes Notizbuch aus und eine Taschenlampe.

Sein Notizbuch ist an manchen Stellen so intensiv, dass ich fast geweint habe und anfing, Seiten zu überspringen. Worte waren mein Ding, bis Rand gestorben ist und ich festgestellt habe, dass sie zu simpel sind. Jetzt lese ich nur Bücher über den Tod. Vielleicht ist es so wie bei dem Jungen, der einen größeren Kick von einem Lichtmuster bekommt als von dem, was wirklich erleuchtet ist. Ich meine, ich denke gern, dass Bücher über den Tod heimlich vom Leben handeln. Vielleicht kann ich es nicht erklären.

„Hasst du mich jetzt?", sagt er. Wir fahren wieder und ich denke.

„Du bist ein guter Schreiber."

„Danke", sagt er. „Wir besuchen also Jude?" Ich sagte ihm einfach, dass es so wäre.

„Ich hab gedacht, das würde dir gefallen."

Ich schätze, er muss eine Sekunde lang nachdenken. „Das ist fair", sagt er.

Das ist hart. „Willst du bis morgen warten?"

„Ja", sagt er.

„Weil ..." Ich kann es nicht beenden. Das *Warum* ist zu heftig. Zum Teil hat es mit dem zu tun, was ich in seinem Notizbuch gelesen habe.

Er wartet eine Sekunde, vermutlich für den Fall, dass ich es doch tue. „Ja, ich weiß", sagt er. Ich denke, dass es vielleicht tatsächlich so ist. Deshalb ist es noch heftiger.

Soweit ich gelesen habe, war die Mutter des Jungen eine Hure, bis sie jemand umgebracht hat. Sie hat sich nie die Mühe gemacht, ihm einen Namen zu geben. Das wusste ich. Er war immer der Junge. Als er zehn war, hat sie angefangen, seinen Arsch als Nebenerwerb zu verkaufen. Das wusste ich nicht. Als sein Arsch mehr einbrachte als ihrer, wurde sie eifersüchtig und schlug ihn. Einige Männer drehten durch und prügelten die Scheiße aus ihm heraus. Irgendwann drehte dann er durch und fing an, sich zu verbrennen und mit einem Messer zu ritzen. Das wusste ich nicht. Dann wurde der Schaden, den er sich zufügte, so schlimm, dass die Männer nicht zahlen wollten, und sie setzte ihn bei seiner Großmutter ab. Dann wurde sie umgebracht. Seine Großmutter gab ihm den Namen Bill, aber das ist nicht legal.

„Jude. Sag Pete, ich werde mich verspäten."

„Wo seid ihr?", sagt sie. „Es ist Larry, Pete."

„Ich weiß nicht."

„Oh, Scheiße", sagt sie. Das hat was zu bedeuten. Ich kenne sie.

„Was?"

An ihrem Ende ist Pause und Petes Stimme sagt im Hintergrund etwas, das ich nicht verstehen kann.

„Nein, was?"

„Ich werde mich einfach besser fühlen, wenn du hier bist", sagt sie.

„Ich auch." Vielleicht werde ich Pete töten.

Er hat gerade geduscht. Ich sitze auf dem Bett. Als er Jude gefickt hat, hat sich keiner von den beiden ausgezogen, daher bin ich gewissermaßen geschockt.

„Fast fertig", sagt er. Er durchsucht seinen Rucksack nach etwas Sauberem zum Anziehen.

„Ja." Ich weiß nicht, was ich sonst sagen soll.

Seine Arme haben überall kreuz und quer Schnitte, Kratzer und kleine Kerben. Brustkorb, Rücken und Bauch sind gleichmäßig auf unterschiedliche Weise zur Gänze extrem vernarbt, und seine Beine sind leicht zickzackförmig, weil sie gebrochen und nicht richtig repariert wurden, wenn überhaupt. Am schlimmsten aber, sein Schwanz ist wirklich klein, als ob er nie erwachsen geworden wäre, und ich vermute, er wurde verbrannt oder irgendwie teilweise abgeschnitten.

„Wie geht's ihr?", sagt er.

„Gut. Ich weiß nicht."

„Du weißt, dass ich nicht in sie verliebt bin", sagt er.

„Ich weiß. Beeil dich."

„Du weißt auch, dass ich nicht in Jim verliebt bin", sagt er.

„Ich weiß, aber lass uns nicht darüber sprechen."

Wir fahren zurück zu dem Fernfahrerlokal, das mir aufgefallen ist. Ich hatte bemerkt, dass die Mädchen, die dort rumhingen, Huren waren. Bei einigen trifft das zu, aber sie sind nicht mehr allzu jung. Sie sitzen um einen Picknicktisch herum und trinken mit den Fernfahrern Bier. Ich lasse ihn unsere Hure aussuchen und sie steigt ins Auto. Zuschauen kostet mich extra, aber darum geht's. Als wir beim Motel ankommen, geht sie gleich ins Badezimmer. Er zieht sich aus und legt sich aufs Bett. Ich beginne zu strippen, ändere dann meine Meinung, als er auf meine Brust schaut. Ich bin zu dünn, und Jude sagt, meine Hüften stehen zu weit raus, wie die eines Mädchens. Deshalb ziehe ich mir das Shirt wieder an.

Die Hure ist viel stärker gebaut, als sie gewirkt hat, mit einem riesigen pockennarbigen Hintern. Sie sagt, „Oh mein Gott", als sie seinen Körper sieht.

„Setz dich auf sein Gesicht." Es ist das Gemeinste, was ich mir vorstellen kann.

Sie setzt sich rittlings auf sein Gesicht und beginnt, ihn zu wichsen. Hin und wieder hebt sie ihren Hintern und lässt ihn Atem holen.

„Mach das nicht. Wenn er nicht atmen kann, ist das nicht dein Problem."

„Was um alles in der Welt?", sagt sie.

Seine Hand lässt ihre Hüfte aus und tastet die Bettwäsche ab, vielleicht nach mir. Aber ich bin nicht mal in der Nähe.

„Ich werde bezahlen, was du willst. Und niemand wird's erfahren."

Seine Hand streift umher, ich kann mich nicht entscheiden, ob ich dort drüben sitzen soll, damit er mich findet, oder hier stehen, und ob dort drüben sitzen zu wollen bedeutet, dass ich schwul bin.

„Er ist ein Kind", sagt sie.

„Ist schon okay. Er will leiden."

Ungefähr da gibt seine Hand mich auf und macht eine Faust. Sie schlägt das Bett.

„Krankes Arschloch", sagt sie und setzt sich fest auf sein Gesicht, dann verschränkt sie nervös ihre Arme.

„Mit dem ganzen Gewicht."

Der Junge ist unpässlich im Badezimmer. Da er über der Toilette kniet, ist es laut. Sie hat ihm das Leben gerettet, in letzter Sekunde. Ich hätte sie weitermachen lassen können. Es geht um sein Notizbuch. Ich wünschte, ich hätte es nie gelesen, oder hätte gewartet. Die Hure hat gerade etwas auf Spanisch geschrien und ist gegangen. Mir kommt vor, das mit ihr war nicht genug oder zu kurz. Als ich meine Hosen ausgezogen hatte, war es vorbei.

„Was denkst du?", sagt seine Stimme.

„Weiß ich nicht."

„Du bist nervös", sagt seine Stimme.

„Vielleicht."

„Ich bin auch nervös", sagt seine Stimme.

„Ja, du verstehst nicht."

Ich weiß nicht, was vorgeht, aber ich gehe ins Badezimmer. Er steht nicht auf oder dreht sich auch nur um. Das macht mich wütend, deshalb ziehe ich mein T-Shirt aus und ziehe es über sein Gesicht. Dann schlage ich ihn so fest in den Rücken, dass er nach vorne fällt und sich die Stirn anschlägt. Blut befleckt mein Shirt, deshalb nehme ich es weg und zwinge ihn, mich anzuschauen. Er schaut nicht, als ob er auch nur irgendwie versteht, was ich tue, was verwirrend ist. Ich habe gerade seine Kehle geschnappt, damit er kapiert, wie brutal ich bereit bin zu werden.

„Verstehst du?"

„Ja", sagt er. Er will mich nicht anschauen.

„Mach das nicht."

„Was?", sagt er.

„Ich schwöre bei Gott."

Ich mache den Faustschlag, der Rand getötet hat. Der versetzt seiner Nase einen Hieb und verpasst ihm einen protzigen Schnauzbart aus Blut. Er greift nach seiner Nase und sagt, ich soll ihn nicht noch einmal schlagen, aber ich tue es. Er versucht wegzukriechen, daher verpasst ihm der Hieb eine auf den Hinterkopf und scheint ihn bewusstlos zu schlagen. Aber er könnte nur so tun. Ich würde es ihm zutrauen.

„Pete. Herrgott nochmal." Ich habe Jude gerade gesagt, dass ich wirklich wütend bin und dass sie seinen blöden Arsch ans Telefon holen soll.

„Du klingst komisch", sagt er.

„Warum will ihn der Typ tot sehen?"

„Ich dachte, du wolltest nichts wissen über die ...", sagt er.

„Sag's mir einfach."

„Lass das ...", sagt er.

„Sag's mir einfach, verdammt noch mal."

Der Zwölftklässler ist ein Bekannter von uns, Gilman Crowe. Es geht um das Notizbuch des Jungen, sagt Pete. Das war nicht der Grund, bis ich es Pete erzählt habe, und ich vermute, er hat es Gilman erzählt. Wie ich Pete kenne, denkt er, es geht um was Schwules. Ich glaube, es hat wahrscheinlich damit zu tun, dass Gilman der Anführer dieser Nazichic-Gruppe ist. Aber es ist mir nicht wichtig genug, und Pete will es nicht sagen. Er soll den Jungen einfach umbringen, Gilman das Notizbuch bringen und bezahlt werden.

„Okay, kein Problem."

„Ich weiß, dass es krank ist", sagt Pete. Er meint, dass er mich gerade gebeten hat, zu warten, damit er zuschauen kann, und dass ich ihm was schulde.

„Wie alles."

„Wie auch immer", sagt Pete. Da fällt mir ein.

„Wenn du Jude fickst, bring ich dich um."

Der Junge wachte gerade auf, oder hörte auf, mir was vorzumachen. Ich kniete und fragte mich, ob ich das, was ich ihm antat, lassen und stattdessen vielleicht Pete töten sollte, aber ich konnte mich nicht entscheiden. Jedenfalls habe ich geweint, mit meinem Gesicht in seinen Haaren, als er wieder zu sich kam, deswegen bin ich hier herausgerannt und habe mich aufs Bett gesetzt. Ich kann ihn im Spiegel sehen.

„Ist schon okay", sagt er. Seine Stimme ist kratzig und erstickt, vielleicht weil ich ihn gewürgt habe, er könnte aber auch traurig sein.

„Das sagst du immer wieder."

„Ist schon okay", sagt er und schaut mich an. Ich meine sein Spiegelbild.

„Ich mag dich."

„Nein, ist es nicht."

„Darum habe ich dich mein Notizbuch lesen lassen", sagt er.

Aus irgendeinem Grund fällt mir plötzlich ein, was er zu wissen meint. Oder ich bringe mich dazu, das zu denken. Dann brauche ich ein oder zwei Sekunden, um sicherzugehen. Das ist wirklich schwierig. „Hat's dir Jim erzählt?"

Der Junge dreht sich, ich meine, ganz herum, und schaut mich tatsächlich geradewegs an. Es ist heftig. „Ja", sagt er.

„Was hat er gesagt?" Dann fange ich wieder an zu weinen. Es ist das Ende.

Vermutlich meint er, ich möchte reden, aber ich kann mich nicht einmal bewegen. Jedenfalls kommt er aus dem Badezimmer und steht vor mir. Als ich nichts unternehme, legt er seine Arme um meinen Nacken.

„Oh Gott." Ich lege meine Arme um seine Hüften.

„Was?", sagt er.

„Nichts." Es hätte so anders sein können.

Rand starb durch einen Schlag ins Gesicht. Danach schien er wohlauf zu sein, nur ein wenig benommen. Er blutete nicht einmal. Ich schätze, er ist im Schlaf gestorben. Dieser Teil, dass ich ihn ins Gesicht geschlagen habe, ist die Wahrheit. Aber es ging nicht um den Wagen oder die Drogen. Es geht darum, dass er Jim gegenüber total fürsorglich wurde. Ich wusste, dass er meinen Bruder mochte, aber ich habe gedacht, es hätte nichts zu bedeuten. Jedenfalls hat sich das als Schwachsinn herausgestellt. Ich konnte seinen Wagen behalten, als er starb. Als Jude und ich ihn einmal saubermachten, haben wir einige Nacktfotos von Jim gefunden, die er gemacht hatte. Sie sind in meinem Schlafzimmer versteckt. Sie weiß nicht, dass ich sie nicht weggeworfen oder es Jim erzählt habe, oder was das bedeutet. Als Rand gestorben ist, bin ich so geworden. Gäbe es keine Worte, wüsste ich nicht, wie ich zwischen mich und alle anderen Lügen stelle, allein dadurch, wie ich sie benutze. Ich habe früher viel geredet, aber jetzt nur mehr spärlich. Jude sagt, man kann mich in ihnen spüren, aber es kommt nicht viel dabei raus, selbst wenn man mich kennt. Ich schätze, sie ist die Einzige, die sich immer noch fragt, warum.

Die Hütte ist am Ende einer langen unmarkierten Staubstraße. Zuerst konnte ich sie nicht finden. Ich umarme Jude, aber sie stößt mich weg. Ich glaube, sie ist angepisst, dass der Junge bei mir ist. Ich schätze, Pete hat es ihr nicht gesagt. Der Junge scheint verwirrt, dass Pete hier ist, deshalb setzt er sich auf eine Couch und beginnt, in sein Notizbuch zu schreiben. Ich kann nicht sagen, was er denkt. Er schreibt eine Weile, dann schließt er das Buch und verstaut es in seinem Rucksack. Inzwischen sagt Pete sarkastische Dinge darüber, dass der Junge schwul ist, und hat ihm gerade befohlen zu strippen.

„Ich bitte dich, Pete."

„Tut mir leid", sagt der Junge. Er hat sich auf der Couch zu einer Kugel gekringelt und Pete lacht und versucht, ihn auszuziehen.

„Jude, sag doch was."

„Bitte nicht", sagt der Junge.

Pete schafft es, ihn bäuchlings zu entwirren und zieht ihm Unterhose und Jeans herunter. „Da hat jemand Spaß gehabt", sagt er.

„Fick dich. Jude?" Sie ist irgendwo in der Nähe und ich brauche es, dass sie mich auf der Stelle umarmt. Daher taste ich die Luft hinter mir ab.

„Du lieber Himmel", sagt Pete. Er hat dem Jungen gerade das Shirt heruntergerissen und all die Narben gesehen.

„Was", sagt sie. Das klang wütend.

„Sag Pete, er soll aufhören."

„Warum?", sagt sie. Daher vermute ich, sie *haben* gefickt.

Jude hat gerade das Notizbuch des Jungen gelesen, oder den Teil, wo er mit ihr schläft. Ich habe das Buch gehalten, damit sie nichts über mich lesen konnte. Sie weint, und ich beinahe. Wir sind drüben bei der Couch und reden sanft auf ihn ein. Pete hat den Jungen gerade in Magen und Rücken getreten.

Dann habe ich Jude schließlich von dem Auftragsmord erzählt. Pete ist im anderen Zimmer und liest das Notizbuch. Ich habe darauf bestanden. Ich habe es, verdammt nochmal, nach ihm geworfen. Es ist mir egal, ob er all die Abschnitte über mich liest, und irgendwie hoffe ich, dass er es tut.

„Hör zu, wir werden damit aufhören", sagt Jude und streichelt die Haare des Jungen.

„Im Ernst?", sagt er.

„Ja", sagt sie. „Irgendwie."

„Ich weiß nicht", sagt er. Er sieht auf seine Beine hinab und versucht, denke ich, sie zu bewegen. Aber sie bewegen sich nicht und er bekommt diesen entsetzten Blick in seinem Gesicht.

„Das werden wir."

„Halt, verdammt nochmal, die Fresse, Larry", sagt sie.

„Ich will sterben", sagt der Junge.

„Nein, willst du nicht. Ich hab dein Notizbuch gelesen. Ich weiß, dass du das nicht willst."

Ich höre ein flatterndes Geräusch, danach etwas, das so klingt, wie das Notizbuch des Jungen, das gegen die Wand schlägt. Pete kommt wieder ins Zimmer und schaut unglaublich verärgert aus. „Ja und?", sagt er.

„Hast du es gelesen?"

„Ich hab's gelesen", sagt Pete. „Er wünscht sich, er wäre tot. Ganz was Neues."

„Nein, tut er nicht", sagt Jude.

„Aber sicher", sagt Pete.

„Nein, tut er nicht."

Ich sehe den Jungen an, aber er sieht Pete an. Irgendwas stimmt nicht mit dem, was sich in seinen Augen abspielt. Oder dass er es Pete sehen lässt. Ich weiß nicht warum, aber das reicht. Es bringt mich zum Weinen und ich schlage ihm richtig fest ins Gesicht.

„Whoa", sagt Pete und lacht.

„Nein, tust du, verdammt nochmal, nicht."

Jude und ich sind im Keller. Ich bin benommen im Wald herumgegangen, als sie mich gefunden hat. Es ist nicht vorgesehen, dass jemand hier herunterkommt. Wenn doch, muss man eine Taschenlampe mitnehmen. Der Boden ist Erde. Pete hat versucht, ihn hier zu begraben, aber der Boden war zu hart. Ich habe Pete gesagt, wenn er irgendwas von dem Geld will, ist die Leiche seine Angelegenheit. Also hat er den Jungen wieder nach oben gebracht und ihn im Kamin verbrannt. Wir bringen Petes Flurschaden in Ordnung. Er kniete vor dem Kamin, als ich das letzte Mal nachgesehen habe, und stocherte mit einem Schürhaken im Rauch.

„Ihr seid beide Monster", sagt Jude. Sie meint, es ist nicht nur Pete. Ich habe wegen ihm getobt. Ich weiß nicht, was ich sonst tun soll.

„Warum hältst du nicht die Klappe?"

„Das seid ihr", sagt sie. Sie aber auch, und ich bin mir fast sicher, dass sie gefickt haben.

„Ich kauf dir einen Wagen." Aus irgendeinem Grund ist das wichtig."

„Fick dich", sagt sie.

„Es ist wahr. Es ist absolut wahr und ich meine, das ist absolut wichtig."

„Wovon sprichst du?", sagt sie.

Wir sind draußen bei Judes Wagen und sie will mich nicht ansehen. Ich habe die Leute so satt, die das tun. Pete sitzt als Beifahrer in meinem und hat gerade gehupt. Also muss ich es vermutlich sagen. „Ich liebe dich, Jude."

„Wie kannst du das sagen?", sagt sie und klingt richtig müde. Sie zieht die Autoschlüssel aus ihrer Tasche.

„Hör zu, es tut mir leid. Es ist nur, dass es mir seit dem Tag mit Rand egal ist."

Sie steigt in den Wagen und schließt die Tür. Es geschieht so schnell, dass sie das als Reaktion darauf, was ich gerade gesagt habe, tun muss. Sie steckt den Schlüssel ins Zündschloss und tut so, als ob sie wegfahren würde. Dann kurbelt sie das Fenster herunter. „Also, hast du ihn wegen Jim gefragt?", sagt sie.

„Nein." Habe ich zwar, aber ich muss ihr sagen, dass ich es nicht getan habe. Ich kann nicht erklären, warum. Es geht um sie und mich.

„Und du hast ihn trotzdem getötet?", sagt sie. Dann scheint sie wütend zu werden und startet das Auto. „Ich kann es nicht glauben."

„Ja, na und?"

***

Das Notizbuch ist in meinem Kofferraum, aber Pete erklärte sich bereit, zu sagen, es sei verbrannt. Entweder das, oder ich würde jedem erzählen, dass Pete schwul sei. Deswegen ist er angepisst und sagt, dass ich derjenige wäre, der schwul und verrückt und ein Lügner sei. Dann fahren wir zu Gilmans Haus. Sein Schlafzimmer ist schwarz gestrichen und darin sind einige Stühle für seine Nazi-Gruppentreffen. Ich bin auf einem gewesen, konnte mich aber nicht entscheiden. Es gibt ein Poster von Harris und Kliebald, den zwei Columbine-Typen. Gilman hat es in Photoshop gemacht und oben quer die zwei Wörter *Coming soon* gesetzt, damit seine Eltern glauben, dass sie eine Rockband sind. Sie sind seine

Helden, und das ist Teil meines Problems. All die Typen, die damals andere Typen auf ihrer Highschool abgeknallt haben, sind so langweilig.

„Nun, ja", sagt Gilman. Er hat nicht erwartet, dass ich mit Pete mitkomme. Ich weiß nicht, was geschehen wäre, wenn ich nicht hier gewesen wäre. „Schätze, wir reden."

„Ja." Er hat mir gerade Geld angeboten, damit ich Pete töte, und mir sogar eine Pistole gegeben. Sie ist in meiner Tasche. Pete war im Badezimmer, kommt aber zurück, bevor Gilman mir gesagt hat, warum alle sterben müssen.

„Lass uns gehen", sagt Pete.

„Habt ihr das Notizbuch denn gelesen?", sagt Gilman.

„Nein, interessiert mich nicht."

„Ich hab's gelesen", sagt Pete. „Aber ich hab schon vorher gewusst, dass du schwul bist." Dann boxt er gegen Gilmans Schulter, vermutlich, um es mehr wie einen Scherz wirken zu lassen.

„Genau", sagt Gilman. Er schaut mich an.

„Lass uns gehen", sagt Pete.

„Okay?", sagt Gilman zu mir und meint vermutlich die Sache mit Pete. Ich weiß nicht, was es sonst bedeuten soll. „Alles klar?"

Ich schaue Pete an. „Ja, alles klar."

Ich brauche etwas zu trinken, deshalb halten wir in diesem mexikanischen Drive-In. Es ist keines dieser großen und berühmten. Jude hat hier letzten Sommer gearbeitet, daher kenne ich es. Wenn du dem Typen am Fenster Trinkgeld gibst, fügt er der Bestellung ein Päckchen Gras bei. Es ist ein Geschenk für Jude. Ich versuche festzulegen, wann und wo ich Pete töte, oder ob ich es tun soll, und eine gute Ausrede, um irgendwo hinzufahren, und was ich für Pete empfinde. Zuerst muss ich es genau wissen.

„Also, hast du sie gefickt?"

„Du machst Witze", sagt Pete und lacht.

„Also, hast du?"

Ich schätze, er denkt darüber nach, während ich an das Fenster heranfahre und die Tüten bekomme. „Also, ich schätze, der Junge hat dich sehr gemocht", sagt er.

„Ja, vermutlich." Ich ziehe mein Pepsi heraus und klemme es in meinem Schritt ein. Aber es ist kalt und zu nah an meinen Hoden, deshalb muss ich es zurechtrücken.

„Du weißt, dass Kliebald schwul war", sagt er. Er schaut mir auf den Schritt, deshalb habe ich diese kleine Nummer mit dem Becher gemacht, als Test. Ich meine, weil ich dachte, dass er es vielleicht tun würde.

„Nein, war er nicht."

„Na sicher", sagt Pete. „Er hat's Leuten gesagt. Er war in Harris verliebt, aber Harris war nicht schwul. Also haben sie diese Columbine-Sache gemacht, anstatt Sex zu haben. Darum haben sie's getan."

„Okay, wie auch immer."

„Schau im scheiß Internet nach", sagt er.

„Schön, wie auch immer. Herrgott." Dann erinnere ich mich an die Stelle in den Hügeln, wo man die Lichter der Stadt sehen kann und wo keiner hinkommt, außer Schwule und Typen wie ich und der Junge. „Ich bin nicht schwul, okay? Ich will nicht, dass du einen falschen Eindruck bekommst."

„Larry, ich bitte dich", sagt er und lacht.

„Na jedenfalls gibt es diese Feuerschneise oben an der Myrtle Street und man kann hinaufgehen, und dort gibt es all diese Bäume. Es ist schön."

„Ich hab davon gehört", sagt er.

„Also, willst du dort hin."

„Wie bei einem Date?", sagt er. Das ist sarkastisch. Die Leute, die ich kenne, verwenden Sarkasmus, um sich in meiner Gegenwart zu verstecken. Sie haben geschnallt, dass ich es nicht verstehe und wütend werde, wenn sie sich nicht völlig ehrlich verhalten.

„Sag einfach, was du sagen willst, Pete." Dann schlage ich mit der Faust auf das Lenkrad.

Ich bin in einer Telefonzelle in der Nähe von Jude, und Pete ist immer noch in meinem Wagen. Wir sind dort gewesen, wo die Feuerschneise beginnt, aber ich konnte nicht aussteigen.

„Heb ab, Jude, wenn du da bist." Es macht Klick.

„Ich war so wütend auf dich", sagt sie. Ich kenne sie, und abzuheben ist ein Zeichen, dass sie mich wieder liebt, und dass sie nicht anders kann. „Also hast du das Geld bekommen?"

„Ja, Pete ist bei mir. Können wir vorbeikommen? Ich muss etwas wissen."

Sie sagt nichts. „Gott, du bist so gestört", sagt sie.

„Gilman will, dass ich ihn töte. Ich weiß nicht, was ich tun soll."

„Ich bin müde", sagt sie.

„Ich weiß, dass ihr gefickt habt, okay?"

Sie flippt insgeheim aus. Ich kann nicht beschreiben, woher ich das weiß. „Okay, komm vorbei", sagt sie. „Aber du brauchst Hilfe."

Pete und Jude sitzen auf ihrem Futon. Er hat sich alles ausgezogen, bis auf die Socken und die Unterwäsche, aber sie will nicht strippen. Früher gab es Bilder von mir auf ihrer

Pinnwand, aber sie hat sie heruntergenommen, seit ich gestern hier war. Daher bin ich wahrscheinlich stiller als sonst, und müde.

„Mach weiter." Ich stehe da, mit verschränkten Armen.

„Schau, Larry", sagt Pete. Sie sind richtig zugedröhnt und wollen reden. Vielleicht sollte ich ja einfach beide erschießen. „Ich mag dich. Du bist ein interessanter Typ. Aber ich weiß, dass du in mich verliebt bist oder so, und das ist okay, aber ich bin nun mal nicht so."

„Tut mir leid", sagt Jude.

So etwas habe ich nicht erwartet, und es verwirrt mich. Sie wirkt ängstlich, und er schaut arrogant, daher weiß ich nicht, was ich jetzt zu ihnen sagen soll. „Bullshit."

„Sie hat gesagt, ich soll es dir nicht sagen", sagt er.

„Ist okay", sagt sie zu ihm.

„Auf alle Fälle bist du wahrscheinlich bisexuell", sagt er.

„So, so, ich bin aber hetero."

Pete sieht unruhig zu Jude, die jetzt keinen von uns ansieht. „Na ja, sie hat gesagt, du hast zugesehen, wie sie es mit anderen Typen getrieben hat", sagt er.

„Ich weiß nicht. Vielleicht bin ich verwirrt."

„Das hat sie, glaub ich, gemeint", sagt er.

„Er weiß von dir und Jim", sagt Jude zu mir.

„Ist schon in Ordnung", sagt Pete.

„Tut mir leid, Larry", sagt sie. „Ist mir einfach rausgerutscht."

„Ist schon in Ordnung", sagt Pete zu ihr. „Im Ernst, wenn ich betrunken genug wäre, würde ich es mit seinem Bruder treiben."

„Herrgott, Jude."

„Tut mir leid", sagt sie zu Pete.

Dann kann ich nicht reden und verliere die Beherrschung und fange an zu weinen, aber sie kommt nicht herüber und umarmt mich. Auch Pete kommt nicht, oder macht einen seiner vertrottelten Witze. Deshalb ziehe ich die Pistole heraus und richte sie dorthin, wo sie hingehört. Ich will nur, dass sie es wissen.

Rand starb, als ich ihn zu fest ins Gesicht schlug. Aber es war nicht meine Schuld. Es hat nur ein Leben beendet, das jeden Augenblick geendet hätte. Er hatte etwas in seinem Hirn, von dem niemand bemerkt hat, dass es da war. Er wurde damit geboren. Deshalb bin ich nicht im Gefängnis und niemand gibt mir die Schuld, nicht einmal seine Eltern. Er hat Jim etwas angetan, deshalb habe ich ihn geschlagen. Der Teil ist wahr. Aber was er getan hat, war, Jim zu sagen, dass das, was wir miteinander getan hatten, krank sei, denn er hat es zufällig herausgefunden. Ich wusste nicht, was Rand heimlich für mich empfand, oder ich wusste es, wollte aber nicht zulassen, dass ich es weiß. Dann fanden Jude und ich diese Nacktfotos, die Rand gemacht hatte und ich wurde so wütend, dass ich ihr über mich und Jim erzählte. Ich weiß immer noch nicht, warum Rand sie gemacht hat, oder warum es mir Jim nicht erzählt hat. Ich weiß immer noch nicht, was beide heimlich für mich oder für einander empfunden haben. Das hat mich, meiner Meinung nach, endgültig gekillt.

Mein Dad sitzt immer im selben Sessel. Er steht im Wohnzimmer, sodass man an ihm nicht vorbeikommt. Ich vergesse einfach, dass er krank ist, bis ich ihn stinksauer mache und er versucht aufzustehen. Meine Mom steht beim Sessel, für den Fall, dass ich ihn verärgere und er das wieder versucht.

„Ich schwöre bei Gott." Ich sage ihm, warum ich die ganze letzte Nacht aus war und nicht angerufen habe. Ich weiß, es hört sich an wie alles andere. Er kann nicht denken, oder vielleicht kann er niemandem sagen, was er denkt, wenn er denkt. „Du kannst ihre Eltern anrufen."

„Schau", sagt er und versucht zu denken. Ich erinnere mich daran, wie das ausgesehen hat. Jetzt ist es jedenfalls zwecklos. Es lässt ihn nur ängstlich aussehen. „Okay."

„Tom", sagt meine Mom. So heißt er. Sie kann ihn nicht mehr zu einem Sinneswandel bewegen, weil man nirgendwo ansetzen kann. Er hat Krebs.

„Ich werde es nie wieder tun."

„Nein, das wirst du nicht", sagt er. Das ist schon ziemlich gut für ihn.

„Dann geh ich mal rauf." Zuerst warte ich, dass er oder sie etwas anderes vorschlagen. Es ist peinlich, aber ich wünsche mir wirklich, sie würden es tun. Ich weiß nicht, was wir tun könnten, vielleicht essen gehen oder einen Film anschauen.

Sie warten einfach darauf, dass ich gehe. Dad hat bereits meine Flinte gefunden und etwas Gras, das Jude einmal hiergelassen hat. Dann hat Mom das halbe Internet gesperrt. Daher nehme ich an, sie glauben, das Obergeschoss ist so sicher, wie es nur sein kann.

***

Ich bin fast oben und frage mich, ob Jim hier ist, als meine Mom hinter mir mit dem Notizbuch heraufkommt.

„Mein Schatz", sagt sie. Ich hab mich damit angefreundet, wie das klingt, auch wenn es ein tieferes Wort ist, als ich jetzt vertragen kann. Es ist nur so sanft.

„Ja."

„Du hast das vergessen", sagt sie und reicht es mir.

„Ah ja."

„Es geht hier so viel vor sich", sagt sie. Vermutlich als Entschuldigung, dass sie nicht wütender auf mich ist. Als mein Dad krank wurde, fielen wir einfach auseinander. Alle vier.

„Alles cool."

„Soll heißen, dir geht's gut", sagt sie und lächelt auf diese sarkastische Art, die bei ihr furchteinflößend aussieht. Ich kann mich nicht mehr erinnern, wann das angefangen hat. Solche Kleinigkeiten weiß ich nicht.

„Ja, sicher."

Ich sitze beim Schreibtisch und suche im Internet alles, was noch übrig ist, über Geister, und es ist mir wieder gleichgültig. Vielleicht hat das Weinen geholfen. Jude ist am Telefon. Sie hat einen Haufen hysterischer Nachrichten hinterlassen, aber jetzt klingt sie stoned.

„Du hast mir Angst gemacht", sagt sie. Dann höre ich Petes Stimme. „Oh, Pete sagt, es ist cool, und ... es ist nie passiert, und ... was, Pete? Ja, genau das."

„Hast du ihm von der Gilman-Sache erzählt?"

„Nein", sagt sie. „Aber ich sage ... mach's nicht."

„Klar sagst du das."

„Was?", sagt sie vermutlich zu Pete, weil ich ihn da drinnen höre. Dann lacht sie. „Das werde ich ihm nicht sagen. Sag du's ihm."

„Mir was sagen?"

„Pete hat gerade einen blöden Witz gemacht", sagt sie und klingt dabei nervös. Dann wird ihr das Telefon vermutlich entwendet oder Pete kommt ihrem Mund mit seinem näher.

„Hey", sagt er und klingt jetzt vielleicht betrunken, zusätzlich dazu, dass er noch stoned ist. Aber wenn er tatsächlich betrunken ist, weiß ich nie, was ich ihm sagen soll. „Larry?"

„Ja."

„Jude sagt, ich sollte es dir sagen", sagt er. Dann höre ich, wie sie sagt, er soll es nicht sagen. „Das ist kein Witz, Jude." Aber er lacht.

„Er ist betrunken, Larry", schreit sie mir zu, von wo auch immer.

„Sag es, Pete."

Ich checke meine E-Mails. Es sind nur ein Haufen Spam-Mails von paranormal ausgerichteten Seiten, bis auf eine. Die ist von den Franks, die angeblich die Toten reden hören. Ich habe sie im Fernsehen gesehen und ihnen dann an die Adresse auf ihrer Website geschrieben. Sie reisen umher, und man mietet sie. Sie gehen mit einem Spezialkassetten-recorder durch verwunschene Häuser und Friedhöfe und stellen Fragen. Dann lassen sie, was sie aufgenommen ha-ben, durch Softwareprogramme laufen, die in dem, was wie der Wind klingt, Details hervorbringen. Manchmal fin-den sie Stimmen, die ihre Fragen beantworten oder Din-ge sagen, welche damit in Zusammenhang stehen, die nur tote verwirrte Leute denken würden. Ich schätze, ich möch-te Rand noch einmal hören, bevor ich aufhöre, mir Sorgen um ihn zu machen. Jedenfalls kommen die Franks auf ihrer Tour hier vorbei und schreiben, dass sie anrufen werden. Das ist großartig, aber es ändert nichts an der Tatsache.

„Larry", sagt Pete. Ich bin gerade ans Telefon gegangen. Er klingt noch betrunkener. Und ich kann auch die Geräusche eines Ladens hören, vielleicht des kleinen Schnapsladens, der in Gehweite von hier ist.

„Ja." Das könnte es sein. Er hat gesagt, er würde anrufen und es mir endlich sagen, was auch immer.

„Du bist nicht sauer?", sagt er.

„Weiß ich nicht. Sag's einfach."

„Ich weiß auch nicht", sagt er. „Schau, ich hab sie nicht gefickt."

„Das ist okay." Vielleicht weint er und ist gar nicht betrunken.

„Scheiße", sagt er. „Schau, ich ..." Dann höre ich einen Haufen Autos vorbeifahren, und vage manches, das im Laden vorgeht. „Ich muss dir etwas sagen, aber ich kann nicht."

„Gilman hat mich dafür bezahlt, dass ich dich töte."

Ich schätze, er weint. „Ich hab gesagt, ich würd's dir sagen", sagt er und klingt zornig. „Du musst nicht ... Scheiße, Larry. Vergiss es."

„Pete?"

Jim ist in seinem Schlafzimmer und hört Musik. Es muss eine akustische Gitarre oder ein Piano und Stimmen dabei sein, aber sonst nicht viel. Das ist sein Ding. Wenn man im Badezimmer ist, wie ich, kann man etwas von den Texten durch die seltsam dünnen Wände hören. Er sagt nicht mehr viel zu mir, daher nehme ich an, sie sind wichtig. Es ist ein Song über Liebe. Darum bin ich hier und so nervös.

„Jim." Das war unser Zeichen.

Ich höre, wie er die Musik leiser dreht. Früher ließ er sie laut und es verging eine Minute, in der er sich auszog. Dann sagte auch er meinen Namen und ich ging hinein und verschloss hinter mir die Tür. Daran kann ich mich erinnern.

„Tut mir leid."

Die Musik ist immer noch leise, das hat was zu bedeuten.

„Was willst du?", sagt er.

Das hab ich nicht erwartet. Das weiß er. Es ist nicht so lange her, aber es macht mir Angst, dass er fragt. „Ich weiß nicht."

Ich warte, und wahrscheinlich wartet auch er. Ich hab niemals gesagt, dass ich nicht wüsste, was ich will, und er hat niemals die Musik leiser gedreht, daher nehme ich an, wir sind verwirrt. Er ist erst dreizehn, und ich bin angeblich aggressiv.

„Okay, ich mach's."

Ich weiß, dass er auf seinem Bett liegt. Er muss dort sein, sonst könnte ich ihn nicht hören. Er hat sein Bett vor zwei Jahren auf die andere Seite dieser Wand geschoben und nicht wieder zurück. Ich kontrolliere es ständig.

Da ist dieses leise Metallgeräusch, das kaum durch die Wand dringt. Es ist beinahe nichts, aber es lässt mich in mich hineinblicken, als ob es ein Stern oder ein Wort wäre. Es ist der Druckknopf seiner Jeans.

„Jim."

Die Wand dröhnt, weil er sie schlägt. Ich kenne ihn. Dann dröhnt sie unzählige Male. Daher vermute ich, er ist wütend, aber ich weiß, er ist ausgezogen. Er muss meinen Namen nicht sagen.

2.

Ich bin beim Frühstück. Es besteht immer aus etwas, das leicht zu machen ist, wie kaltes Müsli. Dad sieht sich aufgenommenes Golf vom Wochenende an, und meine Mom liest die Zeitung. Irgendwas geht in ihr wegen mir vor. Ich kann erkennen, es ist nicht die Welt. Jims Essen ist bereits Müll, was das Einzige ist, das nicht stimmt.

„Jim ist mit dem Rad gefahren", sagt sie. Nicht Hallo oder sonst was. Das ist neu, weil ich ihn immer zur Schule fahre.

„Ja?"

Sie blättert rasch eine Seite um und die zerreißt. Aber ich bin zu müde, von ein oder vielleicht zwei Stunden Schlaf, ihr Scheiß berührt mich nicht.

„Sag es, Mom."

„Dein Dad hatte einen Krampf und ich war auf und ich hab dich gesehen", sagt sie.

„Was heißt das?" Ich bin mir ziemlich sicher, dass ich nackt war und meine Kleidung und Schuhe in einem Bündel trug.

„Ich habe Dr. Thorne angerufen", sagt sie.

„Was hat Jim gesagt?"

„Er hat dich beschützt", sagt sie.

„Wovor?" Ich werfe meine Müslischüssel an die Wand.

Ich glaube, Rand ist immer noch auf dem Boden meines Schlafzimmers. Ich meine, irgendwie. Ich weiß, dass er nicht hier gestorben ist. Nach ein paar Minuten ist er hochgekommen und gegangen. Aber ich glaube, er würde hierher kommen, wenn er irgendwo hin könnte. Das ist die großartige Theorie der Franks, oder ihr Vorwand. Die Toten wollen nicht tot sein, und sie geben nur einen Dreck auf das Leben. Als ich letzte Nacht wieder in meinem Schlafzimmer war, habe ich viel über Rand nachgedacht und dann ein Urteil gefällt. Ich habe den Jungen getötet, weil ich mich nicht selber töten kann. Deshalb habe ich ihn so fest geschlagen. Ich begreife, dass er nicht Jim ist. Wenn ich so wütend werde, braucht es nicht viel, um mich daran zu erinnern.

Ich hänge immer mit Will ab. Manchmal ist auch Tran dabei. Mehr Freunde sind mir nicht geblieben. Alle anderen meinen, ich wäre kalt. Will und Tran sind so mit sich beschäftigt, dass sie es nicht merken. Wir schauen gerne zu, wie die anderen Schüler aufkreuzen und reden voller Wut über sie. Vor allem Will. Sie sind noch zu verschlafen, um uns zu hassen. Wenn sie es doch tun, kann ich es definitiv spüren. Das dauert gewöhnlich bis zum Lunch.

„Ich hab nicht geschlafen." Will ist etwas an mir aufgefallen, aber das wird wahrscheinlich reichen. Er ist früher mit Jude ausgegangen, das ist unser gemeinsames Ding.

„Sie schon wieder?", sagt er.

„Ja."

„Was für eine Überraschung", sagt Tran. Er ist ein Fehler, den ich beinahe fünf oder sechs Mal begangen habe, als ich mich früher volllaufen ließ. Als Freunde sind wir alle durchschaut und langweilig.

„Hast du von dem Freak gehört?", sagt Will. Er meint den Jungen, und ich habe damit angefangen, ihn so zu nennen. Er war zu der Zeit bloß Jims seltsamster Freund.

„Was ist mit ihm?"

„Er geht zu den Gilman-Treffen", sagt Will.

Ich schaue Tran an. Wenn ich auf die Nachricht reagiere, werden sie das falsch interpretieren. Ich habe Will gesagt, dass ich Tran hasse, und Tran denkt, er kennt mich. Es ist kompliziert. „Das ist seltsam."

„Im Ernst, was hast du?", sagt Will.

„Wonach schaut es denn aus?"

Tran wirft mir diesen Blick zu. Er wäre schwer zu beschreiben. Er probiert ihn alle paar Tage an mir. Wenn ich ihn erwidere, sind wir vermutlich beide tot.

Ich warf Tran einen Blick zu, entschied mich aber für distanziert. Ich weiß nicht genau, ob man es darin nicht sehen konnte. Sein Dad ist weiß, und er hat nicht allzu viel Mong in seinem Gesicht. Genau das könnte es vielleicht sein. Er brachte mich durcheinander, wenn ich betrunken war und verwirrt darüber, ob ich Jim vermisse oder nicht. Aber es ist nie etwas passiert. Wir gehen zum Algebraunterricht und jeder Blick, den ich ihm zuwerfe, ist eine Warnung. So sehe ich das.

„Wann?", sagt Tran. Das heißt, soll er zu mir nach Hause kommen. Er klingt kalt, ist es aber nicht, was unser gemeinsames Ding ist.

Ich zucke nur mit den Schultern. Es spielt keine Rolle, wann.

„Ist schon eine Weile her", sagt er. Er meint, seit ich mit ihm ohne Will beisammen sein wollte. So schwerfällig versteht er mich.

„Zu lange."

„Du bist komisch", sagt er. Ich habe gerade gespürt, wie er mich anrempelt. Das geht zu weit. Wir sind verdammt nochmal in der Öffentlichkeit. Er ist noch nicht so weit, vielleicht nie. Es wird Konzentration oder Bier brauchen.

„Sei nicht blöd."

Nachdem Rand gestorben war, war ich einen Monat lang betrunken, sogar in der Schule. Leute, die ich nicht bereits kannte, dachten, es wäre tragisch und ließen mich in Ruhe. Damals fing die Sache mit Tran und Pete an. Sie entwickelte sich und ich ließ alles einfach geschehen. Tran war ein Mong, der mich dauernd ansah, und Pete war ein beliebter Typ, der aus irgendeinem Grund zum Alkoholiker wurde. Ich dachte, Betrunkenheit würde mein Leben sein. Ich dachte, Dinge nicht zu hinterfragen, bevor ich sie sage, wäre, die Wahrheit zu sagen. Ich dachte, jemand, der nett zu mir war, wenn ich betrunken war, wäre schwul. Ich dachte, ich wäre schwul, wenn ich jemanden mochte, wenn ich betrunken war. Wenn ich betrunken war, hätte ich alles getan, um Rand nicht geschlagen zu haben.

Die Schule schlägt morgens eine von zwei Richtungen ein. Der Hass der Leute auf mich ist immer vage und verflüchtigt sich, sofern ich ihn nicht anstachle. Das ist die eine Richtung. Oder es geht einfach um die Lehrer und mich und bereitet vor, was beim Lunch passiert und möglicherweise mit Jude nach der Schule. Heute will ich nur Pete finden und Gilman Crowe in den Gängen aus dem Weg gehen. Das ist meine Hauptsorge, aber er ist nirgendwo. Niemand bringt die leer gebliebenen Tische des Jungen in den Unterrichtsstunden, die wir zusammen hatten, zur Sprache. Er ist nur schwarzer Dreck in der Erde, und das wäre mit oder ohne mich passiert. Oder, ich habe beschlossen, dass es darum in seinem Notizbuch geht.

Ich lege meinen Arm um Jude. Die meisten Schüler essen ihren Lunch in Gruppen bis zu acht auf dem Gras. Es ist wie ein Park. Wenn nicht, isst man auf Bänken rund um den

Parkrand, wie ein Publikum ihnen zugewandt. Das ist einfach sicherer.

„Alles in Ordnung?"

„Herrgott, Larry", sagt sie. „Nein, aus einer Million Gründen."

„Hör dir das an …"

„Ich halt's nicht aus", sagt sie und zuckt mit den Schultern, bis ich den Arm von ihren Schultern genommen habe.

„Ich bin nicht schwul."

„Was?", sagt sie und lacht. Sie hat angefangen, zu ihrer Linken und meiner Rechten zu blicken.

„Ich weiß das jetzt. Und willst du wissen, warum?"

„Du bist so gestört", sagt sie. „Es macht mir Angst."

Gilman redet mit Pete, der betrunken aussieht. Es ist das Taumeln. Wenn er sich genug volllaufen lässt, sagt oder macht er alles. So lautet das Gerücht. Sie stehen neben der Wand, auf welche die Insignien der Schule gemalt sind. Sie sind gigantisch und sehr verblichen. Es ist oder war eine Bulldogge.

„Es ist bloß wegen Jim. Das ist alles."

„Was?", sagt Jude. Sie war mit Pete beschäftigt. „Wovon redest du?"

„Jim ist derjenige, der schwul ist."

„Genau", sagt sie sarkastisch. „Das muss es sein."

Ich höre Pete brüllen. Als ich rüberschaue, ist Gilman bereits weg und Pete schaut uns oder nur Jude an. Vermutlich hat niemand von mir hier drüben Notiz genommen, bis sie seinen Augen gefolgt sind. Jetzt kann ich ihren fiesen, gackernden Bullshit spüren.

„Kann ich später vorbeikommen?" Ich bin aufgestanden. Sie werden aufhören, zu Arschlöchern zu werden, sobald ich weg bin, oder zumindest würde ich es nicht wissen. Damit meine ich, es geht nicht um Jude.

„Ja", sagt sie. „Ich schätze, wir sollten reden."

Pete entfernt sich diesen Gang entlang. Er führt nirgendwo hin und endet einfach hinter dem Turnsaal der Mädchen. Dort lagert die Schule Dinge, die sie nur einmal im Jahr braucht, wie die Bühne für den Abschluss. Früher hat man dort seine Zigaretten geraucht. Seit Columbine wird es von Kameras überwacht, deshalb gehen dort Schüler hin, wenn sie die Hilfe der Schule benötigen.

„Pete." Das war ein lautes Flüstern.

Er dreht sich eine Sekunde lang zu mir um, geht dann weiter und hebt eine Hand, um *Hör auf* zu sagen oder *Ich bin okay*. „Ich erzähl's dir heute Abend."

„Wir müssen reden."

Er geht zu einer Wand aus Betonziegeln und lehnt sich dagegen. Dann dreht er seinen Kopf und sieht vermutlich, dass ich ihn beobachte, „Verdammt. Ich werd's dir erzählen."

„Was war mit Gilman los?"

„Nichts", sagt er. „Der Typ ist ein Arschloch."

„Warum hast du letzte Nacht geweint?"

„Warum tust du das?", sagt Pete. Ich glaube, er weint wieder. „Ich versuche nur, fünf verfickte Minuten lang nachzudenken. Ich habe den ganzen verfickten Tag lang nicht nachgedacht."

„Weil ich verwirrt bin."

„Kannst du nicht warten?", sagt er. Seine Stimme ging zu Bruch.

Gilman steht zusammen mit Zweien von seiner glatzköpfigen, T-Shirt und Jeans tragenden Gruppe. Ich habe Pete gerade verlassen und bin um die Ecke gebogen. Ich kenne eine von denen, Jeanne, die seine Freundin ist. Ich glaube, sie warten auf Pete, und sie scheinen überrascht zu sein.

„Was macht Pete?", sagt Gilman. Seine Hände sind in die Taschen seiner Jeans gerammt. Deshalb ramme ich meine Hände in meine. Man muss das bei ihm machen.

„Hey", sagt Jeanne. Sie war mal meine Freundin. Sie ist verkrampft wegen mir, weil ich weiß, warum sie zum Nazi geworden ist. Es ist nicht persönlich gemeint.

„Chillen, glaube ich. Hey, Jeanne."

„Alles klar?", sagt Gilman. Er mustert mich richtiggehend. Das ist seltsam nett.

„Ich treffe Pete heute Abend."

„Hat er gesagt", sagt Gilman. „Wo?"

Ich muss darüber eine Sekunde lang nachdenken. „Am Hügel." Dann beobachte ich ihn.

Er hat ein knochiges, grell weiß leuchtendes Gesicht, das die ganze Zeit über Politik redet, deshalb ist es ein Geduldspiel, tief genug in seine Augen vorzudringen. „Komm danach vorbei", sagt er.

„Hör mal, ich weiß nicht, ob ich Pete töten kann."

„Was?", sagt Gilman. Er schaut Rick und Jeanne an, die ein Gesicht machen, als ob sie davon nichts wüssten. Dann starrt er zornig zu Boden.

„Aber ich hab da eine andere Idee."

„Ist mir egal", sagt Gilman.

Ist mein letzter Unterricht heute, und der, in dem ich gut bin. Journalismus, aber ich bin schon woanders. Man schreibt Artikel über die Schule für die Highschoolzeitung. Wir sollen uns neue ausdenken. Ich war in Gedanken, mit einer Pistole, die auf Pete zielte. Wir waren in den Wäldern. Ich konnte mich nicht entscheiden, ober er nackt war oder was sonst noch bereits passiert war. Daher bin ich verwirrt, als ich wieder die Wirklichkeit sehe.

„Larry", sagt der Lehrer. Ich glaube, zum zweiten Mal.

„Ja?"

Dieser schwarze Fußballtrainer war gerade ins Klassenzimmer gekommen. Er sagte etwas Geheimniskrämerisches zum Lehrer und setzte sich auf die Tischkante. Dann durchbohrten sie mich mit demselben, verwirrenden Blick. Es geht in dieser Klasse nie um mich, daher machen es auch die meisten Schüler.

„Bist du mit Pete Hampton befreundet?", sagt der Lehrer.

„Mehr oder weniger."

„Sie sind befreundet", sagt der Trainer leise und reibt sich eines seiner gigantischen nackten Beine.

Jemand lacht, weil ich fast nie rede. Vielleicht ist es auch wegen des *mehr oder weniger*, weil Pete solch ein Alkoholiker ist. Oder vielleicht ist es, weil der Trainer so schwul wirkt, wenn man angezogen ist.

„Larry", sagt der Lehrer wieder. Der Trainer ist wieder aufgestanden, und beinahe jeder rund um mich herum lacht. Daher brauche ich eine Sekunde.

„Ach so."

Pete war letztes Jahr ein Star im Fußballteam. Ich habe darüber einen Artikel geschrieben. Aber letzten Sommer hat er das Interesse verloren und ist ausgestiegen. Ich war nicht dabei. Die Leute, die ihn damals mochten, geben den Leuten, die ihn zur Zeit mögen, die Schuld daran. Ich bin einer von vielleicht dreien. Der schwarze Trainer scheint Pete auf zwei Arten zu mögen, aber das ist ein Geheimnis. Es gibt das Gerücht, dass sich Pete einen übermäßigen Rausch verpasste und den Trainer rummachen ließ. Ich habe das in die Welt gesetzt. Wir haben gemeinsam Turnunterricht und Petes Schließfach ist in der Nähe von meinem. Der Trainer treibt sich immer herum, um sicherzustellen, dass sich niemand prügelt. Aber er schaut nur zu, wie Pete sich auszieht, so wie ich. Manchmal ertappen wir uns gegenseitig und hören dann auf. Es ist so offensichtlich.

Wir sind in einem Büro für die Trainer, das abseits liegt. Es gibt keine Bücherregale, nur Fußballposter aus Europa. Ich habe es nur vom Gang aus gesehen. Pete sitzt zusammengesackt auf einem Stuhl, und ich stehe, mit fest verschränkten Armen.

„Alles klar?"

„Ja, mir geht's verdammt großartig", sagt Pete.

„Also, was ist Petes Problem?", sagt der Trainer zu mir. Er sitzt zwischen uns auf seinem Tisch, aber hier wirkt das nicht so schwul. „Deiner Meinung nach."

„Fick dich", sagt Pete zu ihm.

„Ich weiß nicht." Das habe ich gesagt, als ob ich es nicht wüsste, dann habe ich gelächelt, als ob ich es insgeheim doch wüsste.

„Keine Idee?", sagt er.

„Ich glaube, Pete ist schwul und will's nicht sein."

„Das ist Bullshit", sagt Pete und schaut zum Fenster raus.

„Warum glaubst du das?", sagt der Trainer zu mir.

„Wir gehen beide mit demselben Mädchen. Das ist, was sie denkt."

„Noch mehr Bullshit", sagt Pete.

„Ich glaube, das Problem sind seine Freunde", sagt der Trainer.

„Larry ist nicht mein Freund", sagt Pete.

„Was bist du dann?", sagt der Trainer zu mir. Dann schauen wir beide Pete an und warten.

„Zwei Typen, die dasselbe Mädchen ficken", sagt Pete nach einer Sekunde und lacht sarkastisch über uns oder etwas draußen vorm Fenster.

„Na schön", sagt der Trainer und lacht auch. Er tätschelt Petes Schulter. Dann schauen mich beide irritierend an.

Pete sitzt auf meinem Beifahrersitz mit einem überschwappenden Becher Kaffee. Die Betreuerin hat ihn für ihn gemacht, nachdem ihn die Schule für eine Woche suspendiert hat. Der Trainer ließ mich früh gehen, damit ich ihn fahren kann.

„Bitte, Larry", sagt er. Er will nicht heim und hat mich gerade wieder gebeten, bis später mit ihm abzuhängen. Ich weiß nicht, ob ich immer noch wütend bin wegen des Witzes über Jude oder nur so tue.

„Ich hab einen Arzttermin."

„Was spielt das für eine Rolle?", sagt er. Er meint, wenn er im Wagen wartet. Das ist bereits ausgemacht, aber ich habe es vergessen. Ich bin nervös.

„Also du hast immer noch vor, es mir zu erzählen."

Pete rutscht tief in den Sitz hinein und legt seine Schuhe auf das Armaturenbrett. Ich schätze, die Entscheidung fällt anders aus. Ich bin nicht schwul. Dann schaut er auf den Kaffeebecher und dreht ihn wieder und wieder. Er ist rot, hat aber kein Muster. Daher nervt auch das.

„Also, machst du's?"

„Ja", sagt er. „Wenn du versprichst ..."

„Offensichtlich."

Er denkt darüber nach, oder über etwas anderes, und dreht weiter den Becher. Die Ampel ist auf Rot, daher werden wir angehalten. Dr. Thornes Praxis ist vielleicht acht Blocks entfernt. Also beschließe ich, Pete was anzutun, weil ich in einer Minute fragen kann, was es über mich aussagt.

„Scheiße", sagt Pete hinterher. „Was zur Hölle?"

„Ich weiß es, okay?"

Ich bin, ohne zu denken, an Dr. Thornes Adresse vorbeigefahren und muss verbotenerweise wenden. Ich weiß nicht, was mit dem Becher passiert ist. Er ist nicht da, und er hat seine Jeans noch nicht in Ordnung gebracht. Ich habe den Zip geöffnet. Zu mehr hatte ich keine Zeit. Vermutlich muss auch er über das, was ich getan habe, nachdenken. Daher drehe ich um, parke dann ein, und wir sitzen da.

„Ich muss gehen."

Pete trommelt auf sein Bein. Ich weiß, dass es alles Mögliche bedeuten könnte. „Dann geh", sagt er.

Es gibt ein Fenster, das auf die Straße schaut. Die Wände sind einfach nur sehr vollgepackte Bücherregale. Ich versuche, mich auf die Buchrücken zu konzentrieren, während wir uns unterhalten. Ich meine die Titel. Sie sind mein einziger Weg in seinen Kopf, aber es sind nur Wege in meinen. Er bemerkt nicht, dass ich sie nicht verstehe. Bei ihm bin ich besonders kalt, aber er ist am kältesten.

„Warum redest du nicht über Jim?", sagt er.

Ich habe ihn gerade dazu veranlasst, aufzustehen und zu meinem Wagen zu sehen, dann zuzugeben, dass man Pete attraktiv fände, egal ob man nun schwul sei oder nicht. Er ist wieder in seinem Sessel und ich immer noch in meinem.

„Bei ihm und mir ist alles cool."

„Deine Probleme mit Jim haben begonnen, als dein Freund gestorben ist", sagt er.

„Sie wollen also hören, dass ich mich gefragt habe, ob ich schwul bin."

Das kostet ihn eine Sekunde. „Und jetzt fragst du dich das nicht?", sagt er.

„Ich frage mich das überhaupt nicht."

„Glaubst du, dass du in Jude verliebt bist?", sagt er.

„Ich weiß nicht."

„Glaubst du, dass du in Jim verliebt bist?", sagt er.

„Fick dich."

„Was ist deiner Meinung nach der Unterschied?", sagt er.

„Dass Jim in mich verliebt ist."

Darüber muss er nachdenken. „Was hat deine Mutter letzte Nacht gesehen?", sagt er.

„Sie sah mich den Gang runtergehen."

„Du warst nackt", sagt er.

„Ja, und ich schätze, das hat sie angemacht." So wie ich das sage, bin ich tot. Vermutlich wirken seine Bücher, oder eines davon. Außerdem bin ich müde.

„Was meinst du damit?", sagt er.

„Dass Sie ein verficktes Arschloch sind."

„Warum bin ich ein piependes Arschloch?", sagt er.

„Weil Sie wissen, dass ich nicht über Jim reden will."

„Worüber möchtest du reden?", sagt er.

„Glauben Sie, dass ich schwul bin?"

Das kostet ihn eine Sekunde. „Ich bin der Meinung, die Frage kann nicht gelöst werden, bis du ein einvernehmliches schwules Erlebnis gehabt hast", sagt er.

Das kostet mich eine Sekunde. „Sie sind besessen."

„Wovon bin ich besessen?", sagt er.

„Von Jim."

„Warum das?", sagt er.

„Weil Sie Jim gar nicht kennen, aber nicht aufhören, über ihn zu reden."

„Jim ist bei mir in Behandlung", sagt er.

Das kostet mich eine Sekunde. „Wieso?"

„Wegen Depressionen", sagt er.

„Okay." Jetzt such ich etwas, das ich werfen kann. Es müsste ein Buch sein. Wenn ich es nach ihm werfe, wird er fragen, warum. Er kümmert sich mehr darum, was ich falsch mache, als meine Mom.

„Ist dir das unangenehm", sagt er.

„Nein, ich bin nur überrascht."

„Das ist verständlich", sagt er.

„Also, was werden Sie meiner Mom erzählen?"

„Das du einverstanden bist, wieder in Behandlung zu gehen", sagt er.

„Okay." Dann stehe ich auf und gehe. Es war ohnehin Zeit. Wenn die Sitzungen zu Ende sind, nimmt er seinen Stift, damit man es weiß. Er sah ihn an.

***

Pete schlief, als ich zum Wagen zurückkam. Daher fuhr ich Richtung Hügel, stellte aber fest, dass es zu hell war und kehrte um. Dann parkte ich bei Jims Schule und steckte die Pistole in meine Tasche. Sie war unter dem Sitz. Die meisten Kinder sind nach Hause gegangen, doch Jim bleibt manchmal länger, um mit einem Lehrer, den er mag, abzuhängen. Ich denke gerade, wenn ich ihn sehe, werde ich mich entscheiden. Ich weiß, das ist sein rotes, zerkratztes Fahrrad.

„Wo sind wir?", sagt Pete. Ich habe soeben wieder seinen Zip geöffnet, um sicherzugehen, was ihn vermutlich aufgeweckt hat. Er schaut auf Jims Schule und schließt den Zip seiner Hose.

„Ich habe eine Idee."

„Meine Güte", sagt er. Ich glaube nicht, dass damit etwas

Bestimmtes gemeint ist. Er wird immer noch von der Realität geflasht.

„Kennst du diesen Typen Tran?"

„Der Eistanz-Mong", sagt er. Auf diese Weise ordnen die Leute Tran ein. Es liegt an seiner steifen Haltung und was es aus dem Hinterteil seiner Hosen macht. Es ist entweder ekelig oder erregend, je nachdem, ob man hetero oder vielleicht schwul und betrunken ist.

„Was, wenn wir es stattdessen mit ihm machen?"

Er schaut mich an und blinzelt nur. „Stattdessen?", sagt er.

„Was wir tun wollten."

„Wow", sagt er und versucht vermutlich, viel mehr zu denken oder klarer. Ich beobachte ihn, dann schaue ich zufällig aus dem Auto.

„Duck dich."

Jim kommt aus der Schule, tatsächlich mit einem Lehrer. Es könnte ein Mann sein, der nichts mit der Schule zu tun hat. Sie sagen etwas, oder einer von ihnen, und Jim öffnet das Schloss seines Rades. Als er sich rittlings draufsetzt und einige Blocks gefahren ist, starte ich den Wagen. Pete hat sich mittlerweile aufgesetzt und wir fahren.

„Meinst du, Jim sieht besser aus als Tran?"

Pete schaut auf meine Augen, dann folgt er ihnen zu Jims Rücken. Er hat dieses Dünne, Blonde, Nervöse meiner Mom. „Das ist dein Bruder?", sagt er und blinzelt. „Nein, ist er nicht."

Ich beschleunige ein wenig.

„Scheiße, was ist mit ihm passiert?", sagt er.

„Er ist deprimiert. Und du bist nicht betrunken."

Pete hebt eine Hand zwischen Jim und sein Gesicht, als ob Jim die Sonne wäre. Er gleicht sie ein wenig an und schließt ein Auge. „Ah, ich verstehe", sagt er.

„Was?"

„Du meinst, wenn ich stockbesoffen wäre", sagt er. „Und wenn auch Jude da wäre?" Wenn er es ausspricht, werde ich ihn umbringen. Das wird der Grund sein.

„Nichts wie ran."

Ich habe Rand wegen der Art, wie er über Jim sprach, geschlagen. Es ging nicht darum, welcher Tat er mich beschuldigte. Vielleicht dachte ich, dass es darum ging. Später habe ich realisiert, dass es die Worte waren, die er gebrauchte. Sie machten Jim zu jemandem, der nicht kontrollieren konnte, was er fühlte, und machten mich zu jemandem, den Rand nicht besser kannte als jeder andere. Ich wusste nicht, dass man Dinge mit Worten ändern kann, daher war es heftig. Im Anschluss daran glaubte ich Rand eine Minute lang. Ich schätze, er brachte mich dazu, zuzugeben, was Jim und ich taten. Daraufhin sah ich Jim eine Weile mit Rands Augen und befand, ich sei krank. Deshalb dachte ich, wenn ich Rand fest genug schlage, würde es aufhören.

Ich habe Pete gerade meiner Mom vorgestellt. Als nächster ist Dad dran. Er sitzt draußen im Garten hinterm Haus. Ich kann sein Radio hören. Es ist immer auf irgendeinen lauten Talk-Sender eingestellt. Das war die Idee des Arztes. Mom machte, ihrer Kleidung nach, Gartenarbeit. Ich bemerke, dass sie schon ein paar Drinks hatte, daher fürchte ich mich vor ihrem Gesicht. Es ist nicht das ihre. So kommt das. Es tritt dann diesem Club der irrsinnigen Frauen bei.

„Ich schätze, wir gehen dann mal hinauf." Wir haben alles andere bereits festgelegt, also heißt es, jetzt oder nie. „Ist Jim hier?"

Sie schaut verwirrt zu Pete. Er ist gutaussehend, daher kann sie vermutlich nicht einfach nur einen weiteren Freund in ihm sehen. „Kennst du Jims Freund Bill?", sagt sie.

Ich kann Petes Gesicht nicht sehen, daher bin ich nervös. „Vage."

„Nicht wirklich", sagt Pete.

„Er wird vermisst", sagt sie. Dann geht etwas in ihren Augen vor und sie dreht sich und schaut ins Nichts. Ich glaube, es ist mein Dad.

„Das ist seltsam."

„Jim ist bei Bills Großmutter", sagt sie. Dann lässt irgendwas in ihr die Hinterseite ihres Kopfes oder Haares erschauern. „Dein Dad hat mir gerade gesagt, dass er mich nicht liebt."

„Häh."

Ich habe für Pete zwei Sixpacks mit Bier aus dem Kühlschrank gestohlen. Er trinkt das vierte, folglich ist er nicht so nervös. Er wurde wegen der Sache mit dem Jungen angriffslustig und beschloss zu gehen. Er sagt ständig, er sollte, wird aber jeden Augenblick zu besoffen dazu sein. Ich kenne ihn. Ich dachte, sie würde viel länger brauchen, um dahinterzukommen. Ich meine die Großmutter. In seinem Notizbuch verschwindet der Junge die ganze Zeit.

„Was ist los?", sagt Jim. Wir telefonieren. Seine Nase ist für gewöhnlich von irgendwelchen Medikamenten, die er nimmt, verstopft, daher weiß ich nicht, ob er wütend ist.

„Pete ist hier." Ich habe das gesagt, als ob es mir nicht gut ginge.

„Oh, Scheiße", sagt Pete. Er schaute mein altes CD-Regal durch, drehte sich aber bei seinem Namen um und nahm dann noch einen Schluck.

„Sie ist wirklich mitgenommen", sagt Jim. Ich schätze, ich höre das im Hintergrund.

„Aber läuft er nicht ständig weg oder so?"

„Sag ihm, er soll ein Mädchen mitbringen", sagt Pete.

„Was?", sagt Jim. Dann höre ich noch tiefere, weniger verstörte Stimmen um ihn herum. „Es tut mir leid. Die Polizei will, dass ich aufhöre zu telefonieren."

„Komm nach Hause, okay?"

Jim sagt eine Sekunde lang nichts. Er muss wissen, was ich verlange. „Eine Sekunde", sagt er. Ich glaube, das war an die Polizei gerichtet. „Warum?"

„Du weißt, warum."

„Damit Larry dich ficken kann", sagt Pete und lacht. Das war laut. Also ist er vermutlich besoffen genug. Es könnte vermutlich sarkastisch gewesen sein. So oder so brachte er mich dazu zu lachen, was ich nicht hätte tun sollen, ohne die Hand auf den Hörer zu legen.

„Pete ist betrunken."

„Was?", sagt Jim, ich bin mir nicht sicher, zu wem. Es spielt keine Rolle.

„Nichts."

Ich habe gerade Pete geschlagen, nicht fest. Ich musste ihn entweder schlagen oder schwul werden. Ich glaube, ich war eine Minute lang schwul. Er fiel vom Bett und ruinierte eine Videokassette, die nicht mir gehört. Pete war es leid, auf Jim zu warten und wurde vermutlich ungeduldig. Ich hatte Angst, er würde gehen, deshalb legte ich los. Ich schätze, es hat mir nicht gefallen, oder aber es hat mir zu sehr gefallen. Er sitzt auf dem Boden. Rand war bewusstlos, also ist es anders.

„Ich kann das nicht glauben." Ich meine, was ich dachte, bevor ich Pete schlug. Ich schätze, ich weine, und habe eine Minute lang geweint.

„Du drehst ja durch", sagt Pete. „Und das musst du verdammt nochmal nicht."

„Vielleicht." Ich habe gerade meine Knie gepackt und sie nah an meinen Oberkörper gezogen. Das ist nie gut. Ich kenne mich. Schau, es ist mir egal, ob du schwul bist, nur ..."

„Bin ich nicht."

„Willst du reden?", sagt Pete. Er ist gerade aufgestanden, „Weil du dich wirklich richtig verrückt aufführst. Als ob du nicht hier wärst. Als ob du nicht du wärst."

„Ich weiß nicht."

„Wenn du mir einen blasen willst, dann tu's einfach", sagt er. Ich glaube, er ist wütend. „Warum machst du daraus so eine verdammt große Sache?"

„Was wolltest du mir erzählen?"

Das oder etwas anderes, was ich getan oder gesagt habe, veranlasst ihn, mir in die Schulter zu boxen. „Himmel Herrgott", sagt er. „Nie und nimmer." Dann macht er sich vermutlich daran zu gehen.

„Nicht, okay?"

Meine Mom hat gerade geklopft und gesagt, ein Asiate sei hier und wolle mich sehen. Sie kennt seinen Namen. Die Namen verschwinden, dann wer, dann jegliche Logik, dann die Welt, die ich verstehe. Ich habe aufgehört, mich darüber aufzuregen, warum Pete abgehauen ist und was er jedem über mich erzählen wird, aber es hat mehrere Biere gebraucht und Konzentration.

„Ja, komm rein."

Tran trägt die schwarzen Hosen, von denen ich gesagt habe, dass ich sie mag, als ich betrunken war. Ich schätze, das tue ich noch immer, oder einfach nur das Hinterteil. Es ist das Eistänzerding und mein Bier.

„Hier." Ich gebe ihm eines.

„Du hast dein Zimmer verändert", sagt Tran und geht herum. Das macht er, damit ich seinen Arsch von allen Seiten zu sehen bekomme, und er hat noch nicht angefangen zu trinken.

„Nein, hab ich nicht."

Ich schätze, er weiß nicht, was er dazu sagen soll und setzt sich auf mein Bett. „Aber irgendwas ist anders", sagt er.

Ich fahre an einen Ort, der noch nicht feststeht. Ich könnte Gilmans Straße suchen oder eine Kehrtwendung machen und die Fernstraße nehmen. Ich könnte Judes Hütte suchen oder dieses Motel von letzter Nacht. Tran trinkt sein zweites Bier, also ist er stockbesoffen. Es braucht nicht viel. Er verliert immer wieder beinahe das Bewusstsein, dann öffnet er kaum noch seine Augen. Die Welt ist es nicht wert. Wir sind fast am Hügel. Die Straße zweigte in eine Schotterstraße ab, die zu einem Feldweg wurde. Sie hält alle Autos jäh an einem Tor an, wo man ranfahren und parken kann. Das habe ich gerade gemacht und versucht, etwas mit Tran anzufangen. Ich wusste nicht, ob es ihm gefällt oder ob es das Bier war, und mein Bier den Rest dazu beitrug. Daher machte mich das wütend. Dass ich wütend war, hat ihn geweckt, und er öffnete plötzlich die Tür. Ich musste ihn packen, um das zu verhindern.

„Hier ist Larry." Ich habe gerade Trans Handy aus seiner Tasche gefischt. Zuerst habe ich ihn mehrere Male mit der Faust geschlagen, und er ist ruhig.

„Was willst du?", sagt Gilman. Ich glaube, ich kann hören, wie das Freie um ihn herum Geräusche macht. Sie haben einen Garten hinterm Haus.

„Kennst du diesen Typen, Tran?"

Ich schätze, Gilman denkt darüber nach. „Ich weiß, wer er ist", sagt Gilman.

„Ich bin jetzt mit ihm zusammen und ich bin irgendwie verwirrt."

„Hör mal, dieser Selbstjustizscheiß", sagt Gilman. Er kann nicht weiterreden. Es muss ihn verwirren. Nachdem Pete gegangen war, las ich weiter im Notizbuch. Der Teil mit Gilman ist vage, aber ich glaube, ich weiß jetzt, warum der Junge tot ist, und Pete der nächste ist. Aber ich muss sichergehen.

„Ich weiß nicht, was ich tun soll."

„Was meinst du damit, dass du mit ihm zusammen bist?", sagt Gilman.

„Wir sitzen in meinem Wagen."

„Was soll ich da tun?", sagt Gilman. „Warum rufst du mich an?"

„Ich weiß nicht. Ich brauche ein Movens." Er liebt dieses Wort. Wenn man sich seine Website anschaut, steht es dort ungefähr fünftausend Mal. Ich glaube nicht, dass er es versteht.

„Schau, ich mag keine Mischlinge, okay", sagt er. „Aber ich kenne den Typen nicht."

„Muss man ihn kennen?" Alles dreht sich darum, wie ich es gesagt habe. Dann warte ich.

„Scheiße, okay, wo seid ihr?", sagt Gilman.

***

Ich habe Tran von der Straße weggezerrt, einen Abhang hinunter. Zuerst ließ ich ihn gehen, aber er fiel hin und fing an zu kreischen, also schlug ich ihn nochmals. Er hörte sich mehr wie ein Hund an, deshalb sind wir sicher. Ich zog ihm die Hose aus und warf sie so weit weg, wie ich konnte. Er liegt da, wo und wie ich ihn hingelegt habe. Es ist nicht so, wie ich es immer tun wollte, und nicht mit wem, aber ich versuche es wieder. Es klappt noch immer nicht, aber das letzte Mal habe ich ihn richtig fest auf den Kopf geschlagen. Daher bin ich praktisch alleine, und ich meine, das zählt nicht.

Gilman kommt nah genug heran, um uns zu sehen und bleibt stehen. Ich habe sein Kommen gehört und habe rechtzeitig aufgehört. „Scheiße", sagt er. „ Du Volltrottel."

„Ich bin wirklich verwirrt."

Ich schätze, Gilman schaut Tran lang genug an, um zu sehen, dass sich sein Rücken bewegt, dann geht er in die Hocke, um sicherzugehen. „Okay, was ist los?"

„Ich weiß nicht."

„Was willst du von mir?", sagt er.

„Glaubst du, dass ich schwul bin?"

„Verdammt, keine Ahnung", sagt Gilman.

„Glaubst du, dass ich es bin, wenn ich ihn nicht töte?"

Darüber muss er nachdenken. „Hast du das Notizbuch wirklich nicht gelesen?", sagt er.

„Ich habe Teile gelesen."

„Ich schätze, ich würde sagen, tu's nicht", sagt er. Zuerst schließt er fest die Augen. „Weil ich verstehe, aber ich glaube nicht, dass das Grund genug ist."

„Was, wenn ich ihn einfach vergewaltige?"

„Das ist wahrscheinlich besser", sagt er und umarmt sich. Er holt tief Luft und lässt sie langsam wieder heraus. „Also, was stimmt nicht mit ihm?"

Ich ziehe Tran an den Haaren. Sein Kopf hebt sich, aber sonst passiert nichts.

„Verdammt", sagt Gilman. Er schaut mich an und ich

erkenne, dass er wütend ist, weil ich es weiß. Dann gibt es nichts zu sagen, oder es ist zu kompliziert für ihn.

„Er ist schwul."

„Oh", sagt er. „Ich hasse Schwule."

„Ja."

„Ich könnt ausflippen wegen der ganzen Sache mit den Nazis", sagt er. „Die haben wirklich einige kranke Dinge getan."

„Sie waren nicht schwul."

„Na ja, sie haben es nicht deshalb getan", sagt er. „Oder diese Matthew-Shepard-Typen. Die hatten Freundinnen."

„Siehst du, darum wollte ich, dass du kommst."

„Hast du das Notizbuch denn wirklich verbrannt?", sagt Gilman. Er hat gerade Tran vergewaltigt und zieht seine Hose hoch. Er hat die Vergewaltigung kniend begonnen, dann seine Hände unter Tran geschoben und so getan, als ob dort Brüste wären. Dann hat er mich zornig angesehen und sich auf Trans Rücken gelegt und einige Kraftausdrücke geflüstert. Deshalb bin ich jetzt verwirrt.

„Ja."

„Wenn du ihn hinterher tötest, werde ich nichts sagen", sagt er. Er meint, nachdem ich dran war, Tran zu vergewaltigen. Aber ich bin nicht schwul und überlege, wie ich es ihm sage. Als ich sah, wie er vorging, wusste ich es. Tran geht mir zu sehr am Arsch vorbei, als dass ich auch nur so tun würde, als ob er ein Mädchen wäre. Das ist anders.

„Oder du könntest es tun."

„Das stimmt", sagt er. Ich habe ihm gerade die Pistole gegeben.

„Dann wüsstest du, ob du schwul warst."

Gilman hat gerade meinen Arm gepackt und versucht, mich von Tran herunterzuzerren, aber er konnte nicht. Er hat die Pistole nicht abgefeuert. Ich konnte ihn nicht dazu bringen. Vielleicht hat er versucht, sein Movens zu erklären und ich habe durchgedreht. Ich schlug Tran, aber Gilman hat mich aufgehalten.

„Sind alle okay?", schreit eine Stimme, vielleicht abermals. Sie kommt von oben am Hügel. Ich habe keine Autos gehört, aber ich vergesse, dass Leute zu Fuß gehen.

„Ja", schreit Gilman.

Ich fange wieder an, Tran zu schlagen, aber Gilman packt meinen Arm.

„Was geht da unten vor?", schreit die Stimme.

„Verpiss dich", schreit Gilman. Er hält meinen Arm richtig fest, deswegen komme ich wieder zur Erde zurück.

„Hör auf."

„Larry", flüstert Gilman. „Herrgott noch einmal."

„Also, seid leise", schreit die Stimme. Wer auch immer uns da angebrüllt hat, geht vermutlich weiter, weil einige Blätter knirschen. Sie sind weit von uns weg, wie die Sterne.

„Was?"

„Was zum Teufel machst du?", sagt Gilman. Ich schätze, er meint, warum ich schreie und den Boden boxe. Tran ist nicht mehr hier. Das kann ich sehen.

Gilman ist abgehauen, und ich fahre. Der Schotter hat sich gerade wieder zu einer Straße verfestigt. Nirgends sind Häuser, nur Fundamente für welche in der Zukunft. Tran humpelt in meinem Scheinwerferlicht und hat sich umgedreht, um zu schauen. Sein Gesicht ist ganz dick und auf einer Seite schlimm zugerichtet, und er hat einen riesigen Blutfleck auf seinen dreckigen Unterhosen. Als er sieht, dass es mein Auto ist, setzt er sich am Straßenrand hin.

„Hey." Zuvor habe ich das Fenster runtergekurbelt. Mehr fällt mir nicht ein.

„Was ist gerade passiert?", sagt Tran.

Das kostet mich eine Sekunde. „Gilman hat uns beim Sex erwischt und ich musste so tun, als ob ich dich zusammenschlagen würde."

Tran schaut mich eine absonderlich lange Zeit an, dann fängt er an zu weinen. Er hat eine hohe und nasale Mongstimme, daher ist es heftig.

Ich halte seine Hose und sein Shirt aus dem Fenster. Zuerst sieht er das nicht, bis ich damit wedle und brülle. „Mach schon. Beeil dich."

***

Meine Mom liegt bewusstlos in einem Sessel. Ich habe ihren Körper von hinten gesehen. Ihre TV-Show ist übergegangen in irgendeine Nachrichtensendung, die sie niemals schauen würde. Dad ist jetzt längst im Bett, und Jim war wahrscheinlich eingepennt. Seine Tür ist nicht versperrt, ich habe an der Klinke probiert. Ich habe gerade Jude angerufen, um mir und ihm eine Chance zu geben.

„Ich hab geschlafen", sagt sie. Ich erinnere sie nur an heute Abend und erkläre, warum ich spät dran bin. Einiges ließ ich aus. Ich muss es einfach von ihr hören.

„Bitte, Jude, ich bin wirklich verwirrt."

Sie lässt das stehen und denkt vermutlich nach. Ich bin jetzt zu müde, um der Stille auf den Grund zu gehen. Oder aber, jeder und alles ist müde, außer mir.

„Ich sollte wieder schlafen gehen", sagt sie.

„Ich glaube wirklich, dass ich etwas Krankes tun werde."

„Larry", sagt sie, oder besser, beginnt sie. Eine Sekunde lang führt es zu nichts. „Pete ist hier."

Ich weiß, was das bedeutet. Hätte ich die Pistole nicht im Auto gelassen, würde ich mich auf der Stelle umbringen, damit sie es hören könnte. „Also bist du in ihn verliebt?"

„Also weiß ich, dass du schwul bist", sagt sie. „Also verpiss dich."

Als ich aufhörte, mich zu betrinken, wurde ich zum Lügner. Nur so konnte ich aufhören. Ich erzählte jedem, dass ich Rand geschlagen habe, weil er Jim etwas Schwules angetan hatte. Ich habe nicht gedacht, dass er das tatsächlich getan hat, bis diese Nacktbilder auftauchten und mich verwirrten. Ich habe nicht darüber nachgedacht, was ich für Jim empfand, bis Rand mich verwirrte. Ich glaube, als ich ihn und vielleicht den Jungen oder sogar Tran schlug, versuchte ich im Schock, mich selbst zu töten. Ich weiß nicht, ob Rand gelogen hat. Ich weiß nicht, ob Jim nur ein unschuldiges Opfer ist, oder ob Rand das erfunden hat. Ich weiß nicht, beziehungsweise will nicht wissen, ob ich Jim diese Male vergewaltigt habe oder ob Rand es so sah, weil er schwul war und ich nicht. Ich weiß nicht, ob Jim ohne mich Selbstmordgedanken hat, oder ob der Junge das in sein Notizbuch geschrieben hat, weil er Selbstmordgedanken hatte und dachte, jeder wäre wie er. Ich weiß nicht, ob der Junge tatsächlich sterben wollte, oder wegen allem nur für eine Minute deprimiert war. Ich weiß, ich sollte das ganze Notizbuch sofort nochmals lesen. Ich kann einfach nicht.

Ich stehe an Jims Bett. Er schlief, oder fast. Vielleicht habe ich ihn gerüttelt. Früher ist er plötzlich zur falschen Nachtzeit aufgewacht und in mein Schlafzimmer gekommen. So hat es angefangen. Er hat gesagt, er sei durcheinander und wolle nur reden. Ich habe diesen Teil geliebt. Es ist lange her. Ich bin hier hereingekommen, weil ich ihm über die Ermordung des Jungen die Wahrheit sagen wollte, bis ich ihn schlafen sah. Dann wollte ich sagen, es tue mir leid, dass ich ihn damals vergewaltigt habe, wenn ich es getan habe, aber als er aufwachte, konnte ich nicht. Jetzt möchte ich beides oder keines von beidem tun. Ich kann es nicht sagen.

„Was ist los?", sagt er.

„Nichts."

„Was ist das?", sagt er. Ich las ein Buch über Geister, um mich zu beruhigen. Das hat nicht geholfen, und es ist immer noch in meiner Hand.

„Ich weiß nicht."

Er macht diese kleine Lampe bei seinem Bett an. Deshalb gebe ich ihm das Buch. Als er sich aufsetzt, fällt das Laken runter, und ich kann sehen, dass er nackt ist. Es ist ein Buch über das Kommunizieren mit Toten. Das, und vielleicht Jim, ist alles, was ich zur Zeit gerne verstehen will.

„Ich war bei Dr. Thorne."

„Mom hat's mir erzählt", sagt er.

„Ich wusste nicht, dass du zu ihm gehst."

„Ja", sagt Jim.

„Also, was hat das zu bedeuten?"

Jim sieht mich kurz an. Ich schaue auf seinen Bauch. Er schaut dorthin, weiß aber nicht, was ich sehe. Sonst würde er das Buch nicht weglegen und sich hinlegen, damit ich ganz genau schauen kann. „Ich weiß nicht", sagt er mit dieser sanften Stimme. Ich kann sie nicht beschreiben.

„Doch, du weißt es verdammt gut."

***

Ich schätze, ich habe Jim aus dem Bett gezerrt und ihn auf dem Boden gewürgt, aber ich habe aufgehört. Er liegt auf der Seite, hustet und hält sich den Mund, um still zu sein. Ich knie neben ihm. Ich glaube nicht, dass er geschrien hat, sonst wüsste ich es. Immer wenn ich realisiere, wie sehr ich mir um ihn Sorgen mache, drehe ich durch. Früher bin ich irgendwohin zu einem Schießstand gefahren und habe meine Gewehre abgefeuert. Als mein Dad sie konfiszierte, betrank ich mich.

„Larry", sagt er. „Was ist los?"

„Tu das nicht."

„Okay", sagt er. Er setzt sich auf und zieht eines der Laken vom Bett, dann bedeckt er sich damit. Daher reiße ich es von ihm, und er beginnt zu weinen. Er hat nichts unter Kontrolle, wenn er weint, deshalb ist es beängstigend mitanzusehen. Er kann nichts dagegen tun.

„Es tut mir leid." Ich meine, dass ich immer getan habe, was er von mir wollte, wenn es wahr ist. Es ist so verwirrend. Als ich das Laken wegzog, wollte ich es wieder zurückgeben. Also mache ich das.

„Was ist los?", sagt er.

„Nichts." Das habe ich geschrien, deshalb schaut er zur Tür. Man kann Menschen in diesem Haus nicht gehen hören, weil der Teppich so dick ist. Aber ich schätze, Mom ist es egal, wenn ich wütend bin, sonst wäre sie schon hier. „Sag es, verdammt nochmal."

„Larry", sagt Jim.

„Nicht."

„Nicht was?", sagt er und fängt noch stärker an zu weinen. Es ist mehr, wie er heult. Ich habe gerade wieder das Laken von ihm gezogen.

„Ich weiß nicht."

3.

Ich liege auf dem Rücken und fühle mich ungewöhnlich aufrichtig. Es ist das erste Mal, dass ich so wütend geworden bin, dass ich nicht sitzen und kämpfen kann. Vielleicht sind seine Augen das Kalte, oder sein ganzes Gesicht, aber nicht er. Ich glaube, die Decke ist in irgendeiner psychoaktiven Farbe gestrichen. Wir haben nur eine Notfallminute vor der Schule. Jim wartet in der Lobby auf mich. Die ist nur wenige Schritte von hier entfernt, wenn überhaupt. Daher hoffe ich, dass die Wände dick genug sind. Sie schauen nicht danach aus.

„Okay. Ich habe viel gelogen."

„Gib mir ein Beispiel", sagt Dr. Thorne.

„Ich dachte, ich hätte letzte Nacht jemanden getötet, aber das habe ich nicht."

„Du dachtest, du hättest", sagt er.

„Ja, aber er ist nicht tot. Und andere Sachen. Ich habe gesagt, dass ich mit jemandem Sex hatte, aber das hatte ich nicht."

„Du hast das Wort *dachte* verwendet", sagt er.

„Ich habe lügen gemeint."

Das kostet ihn eine Sekunde. „Weißt du, warum du lügst?", sagt er.

„Ich schätze, um nicht über die Dinge nachzudenken."

„Wie ist es mit deinem Freund im Wagen gelaufen?", sagt er.

„Das war auch eine Lüge."

„Dann sag mir, was wirklich war?", sagt er.

„Ich weiß nicht. Nicht viel. Dass Jude mich nicht liebt. Das vor allem. Ich dachte, Pete wäre schwul. Ich dachte, dieser andere Typ, den ich mehr oder weniger kenne, wäre schwul. Und noch ein anderer. Ich dachte, ich wäre schwul, aber das bin ich nicht."

„Dein Freund, der gestorben ist, war schwul", sagt er.

„Ich glaube schon."

„Du warst für seinen Tod nicht verantwortlich", sagt er.

„Ich weiß. Das sagt jeder."

„Denkst du, dass du es wärst?", sagt er.

„Ich dachte, nein, aber dann habe ich erkannt, dass ich es war."

„Wann hast du das erkannt?", sagt er.

„Letzte Nacht."

Das kostet ihn eine Sekunde. „Weißt du, was wahr ist?", sagt er.

„Ja, manchmal schon."

„Sag mir etwas, das wahr ist", sagt er.

„Hat Jim Selbstmordgedanken?"

Das kostet ihn eine Sekunde. „Denkst du, dass er welche hat?", sagt er.

„Wenn jemand ohnehin drauf und dran ist zu sterben, ist es dann falsch, ihn zu töten?"

„Ja, ist es", sagt er. „Aber du hast deinen Freund nicht getötet."

„Ich kenne all die Leute, die sterben werden."

„Wer zum Beispiel?", sagt er.

„ Zum Beispiel Jim und mein Dad, und Rand war dabei zu sterben, und noch jemand, den ich kenne, wollte sterben. Und ich denke, viele Leute in der Schule werden sterben."

„Denkst du, all das ist wahr?", sagt er.

„Ja, es ist wahr."

„Was ist mit dir?", sagt er. „Wirst du sterben?"

„Ist mir egal."

„Willst du über letzte Nacht reden?", sagt er.

„Schätze ja."

„Was hat deine Mutter gesehen?", sagt er.

„Ich kam nicht aus Jims Zimmer. Er wollte, dass ich hineinkomme, aber das bin ich nicht."

„Warum warst du nackt?", sagt er.

„Weil ich darüber nachgedacht habe."

„Worüber hast du nachgedacht?", sagt er.

„All die Lügen, schätze ich."

Das kostet ihn eine Sekunde. „Hättest du etwas dagegen, wieder Antidepressiva zu nehmen?", sagt er.

„Schätze nein."

„Kann ich dich noch eine Sache wegen letzter Nacht fragen?", sagt er. „Weil unsere Zeit fast um ist."

„Okay, wenn es nicht um Jim geht."

„Dann sehe ich dich am Donnerstag", sagt er.

Das schockiert mich, und ich schätze, ich setze mich auf und schaue ihn direkt an. Es gibt so viele andere Fragen. Er muss nur fragen. Er ist so nah dran. Er könnte es in meinen Augen sehen, wenn er schauen würde, doch er schreibt mein Rezept.

Jims T-Shirt ist etwas neuer als meines. Meine Jeans sind schwarz. Ich bin groß und er noch nicht. Mein Haar ist braun, und seines ist mehr dunkelblond. Mein Gesicht ist okay, und seines ist entweder meines, gemischt mit dem von Mom, oder, wenn es dunkel ist, irritierenderweise wie das eines Mädchens. Abgesehen davon habe ich immer gedacht, wir wären gleich. Darum sollten wir jetzt reden, bevor es dunkel wird, aber ich kann nicht. Ich muss auf die Straße achten.

„Bist du okay?", sagt Jim. Ich schätze, er hat endlich kapiert, dass es nicht so ist.

„Nein." Ich weiß nicht, wo ich als nächstes hin soll. Ich meine, mit Worten. Seine Schule liegt schon vor uns, also hat sich das erledigt.

„Was hast du ihm erzählt?", sagt Jim.

„Nichts. Was erzählst du ihm?"

„Will ich nicht sagen, weil ich weiß, dass du wütend wirst", sagt Jim.

Er schaut mich an. Nur die Seite meines Kopfes. Also sind wir sicher, bis ich ihn drehe. Wir haben gerade in der Ladezone der Schule gehalten, und ein Auto hinter uns hat gehupt. Also heißt es jetzt oder nie.

„Ich will das, was wir gemacht haben, nicht mehr machen."

„Warum?", sagt er und nimmt seinen Rucksack in Würgegriff.

„Ich will einfach nicht."

Jim greift nach der Türklinke, drückt sie aber nicht hinunter. Dann geschieht nichts und keiner von uns bewegt sich eine gefühlte Minute lang. Er beginnt, etwas zu sagen, macht dann ein unbehagliches Gesicht und drückt die Klinke.

„Bitte, Jim."

„Okay", sagt er. Ich wende meinen Kopf, aber er ist außerhalb des Wagens und schlägt die Tür zu.

Ich schlug Rand auf den Kopf und er fiel zu Boden. Er war eine Weile bewusstlos, oder hat es vorgetäuscht. Dieser Teil stimmt. Es geht darum, was er sagte, bevor ich ihn schlug. Vielleicht war es nichts. Zuerst dachte ich, ich hätte ihn getötet. Deshalb dachte ich mir eine Ausrede aus, warum ich ihn geschlagen habe, um jeden glauben zu lassen, er hätte verdient, was ich getan hatte. Als Rand aufwachte, wurde er zornig. Er sagte zu mir, dass ich verrückt wäre. Ich hatte gerade versucht, zu erklären. Ich glaube, ich konnte nicht, auf Grund dessen, warum ich ihn geschlagen hatte. Also schätze ich, war es nicht nichts. Ich denke, ich habe vielleicht das, was er zu mir gesagt hat hergenommen und es gedreht. Als er starb, blieb vielleicht die falsche Erklärung hängen. Wenn die Franks versuchen, Geister zu befragen, beantworten jene die Fragen nicht wirklich. Sie sagen nur, was sie wollen. Es spielt sogar kaum eine Rolle, was sie gefragt werden. Vielleicht stimmt beides überein, wenn man sie zuvor gekannt hat. Sie erzählen einem nur, was ihnen keine Ruhe lässt. Ich hatte einfach das Gefühl, Rand würde das, was mit mir nicht stimmt, keine Ruhe lassen und könnte es geradebiegen.

„Was?" Ich habe gerade Sam in die Augen geschaut und die Kacke gesehen. Er ist ein Typ in meinem Alter, der Teilzeit in der Drogerie arbeitet. Ich bin mit ihm auf Partys gewesen. Die sind in der Regel feuchtfröhlich.

„Nimm's mir nicht übel", sagt er. Er hat sich gerade meine Geschichte am Computer durchgelesen und die von Jim darüber registriert.

„Was ist das alles für ein Scheiß?"

„Hauptsächlich Antidepressiva", sagt er. „Das eine ist ein Beruhigungsmittel. Die zwei sind Neuroleptika. Das da auch."

Ich schau mir die Liste an, während er mein Rezept ausfüllt. Ich wende den Trick an, den der Junge anzuwenden pflegte, um aus den Sternen einen Sinn zu ziehen, aber es ist schwierig, wenn man es nicht wissen will oder es bereits weiß. „Was?"

„Ich sagte, du kennst ihn doch?", sagt er und händigt mir einen Flyer aus. Ich schätze, der war von einem Stapel. Zum

Glück ist es ein älteres Schulfoto, daher ist der Junge nicht ganz er. Also kenne ich ihn ehrlich nicht.

„Was geht ab?" Ich habe mich zu Will und Tran gesellt, an unserem üblichen Platz. Zuerst habe ich mich abweisend gegeben. Ich glaube nicht, dass ich das lange machen kann. Ich habe Trans blaues Auge und seine geschwollene Backe von weitem gesehen, daher schaue ich Will an.

„Ich weiß nicht", sagt Will. „Ein Haufen Scheiße."

„Du meinst das Verschwinden von dem Freak."

„Ja, das auch", sagt er.

„Ich habe mit Jude Schluss gemacht."

„Ja", sagt Will. „Schätze, ich hab mit ihr geredet."

„Sie erzählt jedem, dass du schwul bist", sagt Trans Stimme.

Ich bin immer noch erfolgreich abweisend. „Das darf ja nicht wahr sein."

„Ich hab Will gesagt, dass es nicht wahr ist", sagt Trans Stimme.

„Und dass du in Pete Hampton verliebt bist", sagt Will.

Ich habe gerade Tran angesehen. Es ist mir egal, ob es wie ein natürlicher Übergang rüberkam. Sein Gesicht hat was Schlimmes mitgemacht und schaut mehr nach Mong aus als sonst, aber seine Augen sind nicht so anders. „Was ist mit dir passiert?"

„Ich bin gegen einen Baum gelaufen", sagt Tran.

„Und dass du Sex mit deinem Bruder hattest", sagt Wills Stimme.

„Okay." Ich bin aufgestanden und habe das geschrien. Ich habe es nicht geplant. Deshalb gehe ich jetzt weg und alle schauen mich an, falls sie es nicht schon vorher getan haben.

Die Schule liegt in derselben Straße, nicht allzu weit entfernt. Ich bin vor dem 7-11[2] und trinke ein Coke. Ich habe es gebraucht, damit ich das erste Antidepressivum nehmen konnte. Es ist unten. Ich kann mich nicht erinnern, dass es einen Unterschied gemacht hätte. Vielleicht habe ich jedem vorgelogen, dass es so wäre. Dann hat sich Tran zu mir gesellt und um einen Schluck gebeten. Wir werden die Glocke hören.

„Okay, erinnere mich daran, was letzte Nacht geschehen ist."

„Wieso?", sagt Tran. Er hält die Coke-Dose einen Zentimeter vor seinem Mund und gießt etwas hinein. Seine Oberlippe ist geschwollen und eitrig, also tut er uns auf diese Weise beiden einen Gefallen.

„Weil ich es vergessen habe."

„Gilman Crowe hat uns beim Sex ertappt", sagt Tran.

„Nein, ich meine die Lüge."

„Das ist die Lüge", sagt er. „Du dachtest, ich wäre schwul, und als ich mit dir keinen Sex haben wollte, hast du mich zusammengeschlagen und mich von Gilman Crowe vergewaltigen lassen."

Ich hätte ihn beinahe geschlagen. „Nein, hab ich nicht."

„Okay, ich bin gegen einen Baum gelaufen", sagt er und gibt mir das Coke. Ich schätze, es war mehr ein Stoß.

„Also, das ist meines?" Ich kann nicht hinschauen, aber er wird wissen, was ich meine. Es gibt an ihm nur eine schreckliche Sache, die jetzt zu mir gehört. Es hätte so anders sein können.

„Das meiste davon", sagt er. „Ich bin wirklich gegen einen Baum gelaufen."

„Das ist komisch."

„Andrerseits ist das vermutlich deine Schuld", sagt er.

[2] Japanische Minimarktkette, die auch in den USA Filialen betreibt

Letzte Nacht habe ich das Notizbuch des Jungen von vorne bis hinten gelesen. Ich habe bestimmte Stellen vermieden. Ich wollte es von Rand hören. Die Toten reden auf mysteriöse Weise, nach dem, was ich im Fernsehen gesehen habe. Wenn man sie zuvor gekannt hat, kann man angeblich fühlen, was sie meinen. Wenn nicht, lässt es dich nur erschauern und klingt wie Lyrik. Der Junge hat über alles wie ein Reporter geschrieben. Man kann dem nicht entkommen. Er hat Jim und mich wirklich gemocht, und sagt das einfach. Alles, was Jim zu ihm über mich gesagt hat, wiederholt er einfach. Das gilt auch für das, was ich zu ihm gesagt habe. Also ist vermutlich er derjenige, der die Wahrheit sagt, und ich sollte es verbrennen.

„Okay, was?" sagt Gilman. Er hat etwas davor gesagt. Es ist bereits Schall und Rauch. Ich habe ihn gerade den Nazis entführt. Wir stecken zwischen einigen Wagen auf dem Behindertenparkplatz fest. Das ist der einzige Ort an der Schule, wo man keine Kameras installiert hat.

„Ich werde eurer Gruppe nicht beitreten."

Er schaut mich intensiv an. „Wieso?", sagt er. „Oder will ich das überhaupt wissen."

Das kostet mich eine Sekunde. „Du weißt, warum."

„Scheiße", sagt er zornig und setzt sich auf dem Parkplatz hin. Ich schätze, er verbrennt sich den Hintern und steht gleich wieder auf. Er isst kaum, weil er meint, dass lässt ihn Deutsch aussehen. Ich schätze, sein Oberkörper sieht aus wie ein Haufen gekreuzter Schwerter. Das habe ich im Notizbuch gelesen.

„Es tut mir leid, dass ich dich angerufen habe."

„Das meine ich nicht", sagt er. Dann geht er in die Hocke, dann winkt er mich in die Hocke herunter.

„Aber ich *habe* dich angerufen."

„Na, ich bin froh, dass du das getan hast", sagt er und winkt mich noch deutlicher herunter. „Aber ich meine, Scheiße."

„Es ist verwirrend."

„Das kommt darauf an, wie du darüber denkst", sagt er zornig, vermutlich, weil ich nicht in die Hocke gehen will.

„Also, wie siehst du so solche Dinge?"

„Gar nicht", sagt er.

Sowie er das sagt, gehe ich in die Hocke. Ich kann es nicht erklären. Vielleicht bin ich einfach nur einsam. „Darum will ich, dass du der Gruppe beitrittst. Das ist der Grund."

„Ich weiß nicht, ob du dich erinnerst." Ich bin in einer Telefonzelle, und ich bin gerade nach der Hälfte aus einer Unterrichtsstunde abgehauen. Ich war zu verwirrt dafür. Ich habe mich bereits ausgelassen. Ich meine, mit ganz vielen Worten.

Im Hörer ist ein zugedröhntes, hustendes Geräusch, von dem ich meine, es ist der Typ, den ich angerufen habe, um eine Frage zu stellen. Sein Name ist Steve, und es ist lange her.

„Rands Freund."

„Ach ja", sagt er. „Was geht?"

„Der Große."

„Ich weiß." Wenn er mich kennen würde, würde er etwas anderes sagen. Ich bin der Typ, der seinen Bruder geschlagen hat. Es ist nicht so, dass das nicht jeder auf der Welt weiß. „Brauchst du was?"

„Der Typ, von dem du gesagt hast, er schaut aus wie ein Hippie."

„Brauchst du was oder nicht?", sagt er.

„Ja, was soll's. Shit." Ich weiß, wie man hinkommt und klettere über den Zaun. Ich habe es achttausend Mal gemacht. Ich muss nur wissen, wann.

Ich rede mit Pete. Es ist dasselbe Telefon, aber meine Hand ist darum gewölbt. Ein flüchtig bekanntes blondes Mädchen steht hinter mir und liest ein Buch über Geister, während sie wartet. Es steht in meinem Bücherregal. Also versuche ich, mich daran zu erinnern.

„Es tut mir leid", sagt Pete wieder. Es war mehr ein Stöhnen. Er ist betrunken, also heißt das vermutlich, für alles, was er getan hat. Meine Mom wird genauso.

„Ich weiß. Wart mal." Dann schaue ich das Mädchen an. „Das ist ein tolles Buch." Ich habe mich gerade erinnert, wo ich sie kennengelernt habe, und dass ich damals mit ein paar Freunden betrunken bei ihr zu Hause war. Ich glaube, wir haben uns geküsst.

Sie scheint ins Buch vertieft. Das vermisse ich. Sie ist auch hübsch, also lässt es sich schwerer sagen. „Ich habe gerade damit begonnen", sagt sie, dann schaut sie nervös auf die große, verblasste Bulldogge. Das ist der einzige interessante Blick von der Telefonzelle aus.

„Kann ich dich anrufen?"

Sie versucht, nicht zu schmunzeln oder vielleicht zu lachen. Wir haben vielleicht sogar gefickt, oder ich habe es versucht. „Okay", sagt sie.

„Cool." Dann schmettere ich meinen Mund in die gewölbte Hand. „Gilman will, dass ich dich töte, und das werde ich."

„Na dann ...", sagt er.

Zuerst warte ich. „Sag mir, warum ich es nicht tun sollte."

„Es tut mir leid", sagt er. Also, schätze ich, er hat mich nicht verstanden, oder es war ihm egal. Wie ich ihn kenne, könnte es eine Mischung aus beidem sein. Es ist mir egal.

„Ja, mir tut's auch leid."

Jude steht mit Grace und Marina in der Nähe der Bulldogge. Alles, was ich über die weiß, ist, dass sie Ecstasy nehmen und tanzen gehen. Also sind sie das Gegenteil von ihr. Jude hält sie für langweilig, oder hat das mal gesagt. Die Mädchen haben mich zuerst gesehen. Ich kann alles, was sie ihnen über mich erzählt hat, in ihren Gesichtern sehen. Grace meint angeblich, dass ich ein interessanter Typ sei, daher weiß ich es. Judes Rücken war mir zugewandt, also warte ich. Die Mädchen haben gerade etwas über mich zu ihr gesagt und sind weggegangen, aber sie steht immer noch verkehrt und sieht zu, wie sie weggehen.

„Ich weiß nicht, was ich sagen soll."

„Ich will, dass du und Pete es von dort wegbringt", sagt ihre Stimme ruhig. Ich weiß, es ist nur mehr ein Haufen Abfall und nicht mehr der Junge. Also weiß ich nicht, warum mich das aufbringt.

„Es?" Ich schätze, das klang zornig.

„Bringt es einfach von dort weg", sagt ihre Stimme. „Und bringt es woanders hin."

„Und was dann?"

„Dann bring dich um oder sei schwul", sagt ihre Stimme. „Ist mir egal." Dann dreht sie sich um und schaut mir ins Gesicht, muss aber zuerst ihre Arme verschränken. „Hat Pete es dir erzählt?"

„Mir was erzählt?"

„Der Arsch", sagt sie.

Das ist hart. „Ich weiß, dass du mich liebst."

„Du bist ein Psycho", sagt sie zu laut. Dann schaut sie sich um. „Das seid ihr beide."

„Ach ja, ihr seid beide tot." Das meine ich auch so, aber ich schätze, sie kapiert nicht mehr, wie tiefsinnig ich bin. Oder zumindest können ihre Augen es nicht sagen, oder meine nicht erkennen.

Ich kann nicht glauben, dass ich mich an diesen Film erinnere. Ich war schon alt, als ich ihn gesehen habe. Ein Schauspieler in meinem Alter spielte diesen Typen, der vielleicht wegen Drogen verrückt wurde, jedoch versuchte, geistig gesund zu bleiben. Er war bei geistig gesunden Freunden, als seine verrückten Freunde auftauchten. Sie schrien seinen Namen. Er ging ihnen auf halbem Weg entgegen, dann wurde er verwirrt. Ich denke, sie waren nicht der Grund. Also setzte er sich genau dort in der Mitte hin. Ich meine, er überließ ihnen seine zukünftige Richtung. Ich glaube, seine geistig gesunden Freunde mochten ihn lieber, aber seine verrückten Freunde dachten nicht nach, bevor sie etwas taten. Also waren sie zuerst bei ihm. Das hätte mir passieren können, aber nicht genau so. Am Ende des Films war der Typ so verrückt geworden, dass er ein Gewehr auf seinen Dad richtete. Sein Dad tötete ihn in Notwehr, und es war tragisch für jeden, den er jemals gekannt hatte. So wird das bei mir nicht sein.

Steve verkauft Drogen in einem Baumhaus. Der Garten ihrer Eltern ist sehr bewaldet und riesig, also bleibt es ein Geheimnis, wenn man still ist. Er war Rands um ein Jahr älterer Bruder. Es ist eine reiche Gegend, also macht es Gilman an. Er sagt nur Dinge, von denen er meint, Harris oder Kliebald würden sie sagen. Vielleicht haben sie solche Worte auf ihren Websites gepostet. Also denkt er vermutlich nicht im eigentlichen Sinn. Es ist nur langweiliger Mist über den hirnverbrannten Respekt der Liberalen für die falschen Leute. Aber ich versuche, es nicht zu weit zu spinnen und nicke weiter wie ein Nazi.

„Also, ich habe das Notizbuch des Jungen gelesen."

„Hast du gesagt", sagt er. Das hat ihn gestoppt. Ich habe wirklich versucht, es nicht zu tun. „Ich kann mir schon vorstellen, was er geschrieben hat."

„Ich wusste nicht, dass du ihn gekannt hast."

„Okay, was hat er geschrieben?", sagt Gilman und sackt im Sitz zusammen. „Nein, warte, ich will es nicht wissen."

„Es war nur emotionales Zeug über dich."

„Mich", sagt er.

„Was er darüber dachte, wie du ihm gegenüber warst."

„Ich war überhaupt nicht irgendwas ihm gegenüber", sagt Gilman. „Ich habe nur die Gruppe erklärt."

„Er war ein tiefsinniger Typ."

„Ich hatte das Gefühl, als würde er mir nicht zuhören", sagt Gilman.

„Er hatte so 'ne Macke, wo er die Sterne betrachtete und sich vorstellte, sie wären die Lichter einer Stadt, und nachdachte, was für Leute dort leben würden. So als ob er wüsste, dass er die Sterne nicht verstehen konnte. Also, was du gesagt hast, war vermutlich genau so."

„Okay, was hat er geschrieben?", sagt Gilman.

„Im Grunde, dass du einsam wärst."

„Na dann war er nicht bei Trost", sagt Gilman. „Was für ein verficktes scheiß dummes Zeug, so was zu sagen. Das ist nicht tiefsinnig."

„Du hast ihn doch nackt gesehen, oder?"

„Wenn du das sagst", sagt Gilman.

„Kennst du all die Narben auf seinem Körper? Seine Mom hat ihn an schwule Typen verkauft, und die haben ihn verprügelt und sadistisch schwulen Scheiß mit ihm gemacht. Dann hat er angefangen, sich so etwas anzutun."

„Ist mir egal", sagt Gilman.

„Ich glaube, er wollte, dass Leute darauf schauen, wie er auf die Sterne, und darüber nachdenken, was für ein Mensch in so einem Körper leben will."

„Was zur Hölle willst du damit sagen?", sagt Gilman.

„Dass er sterben wollte, also spielt es keine Rolle, was wir ihm angetan haben."

„Ich habe gar nichts getan", sagt Gilman.

„Na ja, du hast Pete bezahlt, damit er ihn umbringt."

„Ja, aber das hat er nicht, das warst du", sagt Gilman. Ich schaute ihn nicht an, aber wir hielten gerade an einer Ampel. Er sah mich bereits an. Also war es heftig.

„Das ist dein Movens."

„Denk drüber nach", sagt er.

„Oh, Larry", sagt Steve. Er ist fülliger als damals, als Rand gelebt hat, mit viel längeren, kaputten Haaren. Wir drei füllen das Baumhaus, in Ecken sitzend, fast aus. Auf dem Boden liegt etwas Shit, den Steve verkauft. Die Tür ist nur eine stinkende Decke, und die Form des Baus war vom Regen verzerrt worden.

„Wie geht's? Das ist Gilman."

„Ja", sagt Gilman.

„Wie krank", sagt Steve und lacht. Ich schätze, er ist entweder stoned oder seine Augen erinnern sich an etwas, woran ich mich nicht erinnere, oder sehen auf andere Weise. Es sieht für ihn freundlicher aus.

„Ja, merkwürdig."

„Na dann, du meine Güte", sagt Steve. „Ich habe nicht gedacht, dass du rauchst."

„Tu ich auch nicht."

Steve ist immer noch mit Glasur überzogen und blickt zu Gilman. „Rauchst du?", sagt er.

„Nein", sagt Gilman.

„Ich hab viel über Rand nachgedacht."

„Na klar", sagt Steve. „Es hört nicht auf." Er hat einen Joint herausgenommen und zündet ihn an. Gilman hasst vermutlich Drogen und schaut mich zornig an.

„Erinnerst du dich denn, dass ich ihn geschlagen habe."

Ich kann sehen, wie Steves Augen seiner Vergangenheit nachjagen und dass sie diesen Moment noch nicht eingeholt haben, oder zumindest, so wie ich ihn sehe. Er ist immer noch zu freundlich.

„Er hat dir das nie erzählt?"

„Doch", sagt Steve. „Ich erinnere mich gerade. Ich hab das alles irgendwie verdrängt."

„Hat er dir erzählt, was geschehen ist?"

Steve sieht Gilman an. „Wie lautet deine Geschichte?", sagt er.

„Keine Geschichte", sagt Gilman.

Ich schätze, Steve braucht eine Sekunde. „Ja, ich erinnere mich", sagt er.

„Also, was hat er gesagt?" Dann schlage ich gegen die Baumhauswand. Steve fing an zu reden, hat aber entweder aufgehört, oder was er sagte, war kurz.

„Was soll das?", sagt Steve nervös und schaut uns beide an.

„Ich dreh durch. Das ist los."

„Das wusste ich nicht", sagt Steve.

„Was hat Rand gesagt?"

„Gib ihm eine Sekunde", sagt Gilman.

„Erzähl's mir." Das habe ich geschrien, also ist es still. Niemand sagt etwas, also nehme ich die stinkende Decke und reiße sie von ihren Nägeln.

„Ihr Typen solltet abhauen", sagt Steve.

„Lass uns gehen", sagt Gilman zu mir. Dann kniet er sich

auf ein Knie und schaut rüber zu Steve. „Du verkaufst nicht vielleicht Gewehre?"

„Ich verkauf Pot, Mann", sagt Steve.

„Was hat er verdammt noch einmal gesagt?" Auch das habe ich geschrien und irgendwas mit der Decke angestellt. Ich kann nicht spüren, was. Ich schätze, sie riss irgendwann bei dem, was ich getan habe.

„Alles, was er gesagt hat, war, dass ihr einen Streit hattet", sagt Steve und schaut Gilman an. „Was ist mit Larry los?"

„Ich weiß nicht", sagt Gilman. „Ich kenne ihn kaum."

***

Im Notizbuch ist Rand in der Nacht, in der ich auf ihn einschlug, zu mir nach Hause gekommen, ohne eingeladen worden zu sein. Niemand war daheim, außer Jim, also hat der gesagt, Rand könne in meinem Zimmer warten. Rand hat meine Sachen nach etwas durchstöbert, das er verkaufen könnte, um Drogen zu kaufen und hat einige Notizzettel gefunden, die mir Jim geschrieben hat. Rand ist vermutlich ausgeflippt und hat Jim danach gefragt. Jim hat alles abgestritten und Rand aufgefordert, es mir nicht zu sagen. Rand wurde deshalb wütend und hat Jim angeschrien, bis der vermutlich alles über uns gestanden hat. Ich weiß nicht, ob er es beschrieben hat. Als mich Rand damit konfrontiert hat, hatte ich es schon so satt, wie stoned und widerlich er geworden war, dass ich ihm die Wahrheit gesagt habe. Ich schätze, ich habe einige schreckliche Dinge über Jim gesagt, die ich nicht so gemeint habe. Jim hat draußen an der Tür gelauscht und gehört, wie ich sie gesagt habe und hat sie vielleicht falsch verstanden. Ich habe gedacht, Rand wäre aufgestanden und gegangen, als er zu sich kam. Ich war aufgebracht und bin in meinem Auto abgehauen. Aber im Notizbuch ist er in Jims Zimmer gegangen. Er hat Jim gesagt, ich sei krank, und gedroht, die Polizei zu rufen. Nachdem Rand gegangen war, war Jim wegen allem so durcheinander, dass er genug Schlaftabletten genommen hat, um sich umzubringen, aber das haben sie nicht getan. Das war das zweite Mal. Im Notizbuch war Jim damals in mich verliebt. Ich weiß nicht, ob er es noch ist. Das hat ihn wahrscheinlich verwirrt. Deshalb versucht er wahrscheinlich wieder und wieder sich umzubringen. Ich weiß, dass das nicht klar ist. Ich glaube, ich habe das immer seitens Jim gespürt und es hat mich verrückt gemacht. Hätte ich gewusst, dass ich als Verrückter ende, hätte ich Rand fest genug geschlagen, um ihn gleich da zu töten. Wenn ich realisiere, dass Jim mich geliebt hat, will ich mich und ihn umbringen. Ich kann es nicht ändern. Ich will Jim töten, dann mich. Wäre ich Rand gewesen, hätte ich Jim und mich getötet. Doch ich habe den Jungen an unserer Stelle umgebracht, weil das eher dem entspricht, wie ich bin. Ich tue nie, was ich will. Die einzige Möglichkeit, mich abzuhalten, Jim zu töten, oder ihn, sich selbst zu töten, ist, wenn ich tot bin. Weil ich Jim so schlagen will, wie ich sie geschlagen habe. Ich meine vor allem Rand und den Jungen. Ich will ihn so fest schlagen, dass er stirbt. Ich halte es nicht aus, mir zu wünschen, dass er mich auf diese Weise liebt und ich wünschte, er würde sich endgültig umbringen. Es ist so verwirrend. Ich glaube, ich werde ihn umbringen, wenn er mich nicht mehr liebt. Ich kann es nicht fassen. Ich werde ihm sagen, dass ich ihn so oder so liebe, dann uns beide umbringen, wenn er es nicht tut. Ich verstehe es nicht. Es ist mir egal, ob er mein Bruder ist.

„Was ist dein Problem", sagt Gilman. Ich fahre ihn heim. Die Welt ist solch eine Lüge. Ich schätze, ich fahre die Straße entlang, als würde es überhaupt keine Rolle spielen.

„Du." Als ich das gesagt habe, bin ich so plötzlich abgebogen, dass er sich am Sitz festhalten musste.

„Weißt du was?", sagt er. „Du kannst nicht in der Gruppe sein."

„Schön, dann erzähle ich jedem, dass du schwul bist."

„Überleg es dir", sagt er. Ich schätze, er meint, wer wem glauben wird. Das reicht. Ich steige voll auf die Bremse, sodass es ihn ins Armaturenbrett schleudert.

„Ich habe das Notizbuch nicht verbrannt."

„Verpiss dich", sagt er. Dann richtet er sich einigermaßen auf und öffnet die Beifahrertür. Also werfe ich ihn rundweg hinaus.

„Überleg es dir."

Ich habe die erste Telefonzelle gesucht und angehalten. Sie befindet sich bei einer Tankstelle. Meine Wagentür ist offen und die Schlüssel sind immer noch im Zündschloss. Für den Fall, dass Gilman vorbeikommt. Ich bin nicht weit von dort entfernt, wo ich ihn rausgeworfen habe. Aber er hat sich hoffentlich ein oder zwei Beine gebrochen, als ich ihn getreten habe.

„Wie kann ich Ihnen helfen?", sagt eine Männerstimme. Vielleicht texanisch. Ich wurde zu ihm weiterverbunden. Also hatte ich Zeit, eine vertrottelt hohe Stimme zu perfektionieren, falls ich das habe.

„Ich weiß, wer den vermissten Jungen getötet hat."

„Okay, bleiben Sie einen Augenblick dran", sagt seine Stimme und schreibt vielleicht etwas auf.

„Ich kann nicht." Meine Stimme fühlt sich unglaublich zerbrechlich an.

„Wie heißen Sie?", sagt seine Stimme.

„Tran. Ich weiß meinen Nachnamen nicht. Ich bin zu verstört. Ich wurde vergewaltigt. Ich bin Asiate."

Das kostet ihn eine Sekunde. „Kennen Sie ihren Angreifer?", sagt seine Stimme.

„Er ist ein Nazi. Es spielt keine Rolle. Ich weiß, wer den Jungen getötet hat."

„Also kennen Sie Ihren Angreifer?", sagt seine Stimme wieder.

„Ja. Das heißt Nein. Ich meine, was meinen Sie?" Ich habe gerade die vertrottelte Stimme verloren, und es ist meine. Also schlage ich das Telefon.

„Versuchen Sie, ruhig zu bleiben", sagt seine Stimme.

„Gilman Crowe, okay? Verhaften Sie ihn einfach, verdammt noch Mal."

Als ich endlich nach Hause kam, ist eine Reporterin da. Sie kam mit den Franks. Ich schätze, sie haben vorher angerufen und Mom hat ihnen betrunken den Weg erklärt. Die Reporterin porträtiert sie für ein Magazin für Paranormales, das ich manchmal lese. Das ist alles, was ich weiß. Sie ist irgendwo mit Jim unterwegs, also bin ich nervös. Niemand weiß, warum. Die Franks sind beide korpulent und tragen enge rote T-Shirts, auf denen vorne die Adresse ihrer Website steht. Ich habe sie gerade von meiner Mom loseisen können und uns in meinem Zimmer eingesperrt. Sie sitzen auf meinem Bett, aber ich kann nicht. Sie haben gerade das Bild von Rand auf meiner Kommode gesehen. Es ist von vor zwei Jahren, also weiß ich nicht, ob es zählt. Rand war noch nicht auf Drogen oder auf irgendetwas anderem, das mich dazu brachte, ihn zu schlagen.

„Es ist sehr traurig", sagt Mrs. Frank zu ihrem Mann. Es ist wahr. Wenn man sich das Bild anschaut und an den toten

Rand denkt, löscht sich der Gedanke von alleine, bevor er tot ist. Bevor er tot war, sah er für mich bereits so aus. Alles, was er tun musste, war die Augen zu schließen.

„Er war cool." Ich weiß nicht, was ich sonst dazu sagen soll. Wenn ich mir das Bild anschaue, dann vermute ich, dass er und ich einmal unglaubliche Freunde waren.

„Du vermisst ihn", sagt sie.

„Ja." Das stimmt, aber die Art, wie ich es geflüstert habe, war für sie.

„Spürst du ihn jemals hier drinnen?" sagt er.

„Ich weiß nicht, was Sie meinen."

„Oh, er ist hier", sagt sie.

Mein Zimmer ist voller Scheiß, den ich mal mochte. Es sieht unheimlich aus, oder ich habe das damals gedacht. Es scheint so unbeschwert im Vergleich zu dem, was mir jetzt Angst macht. Die Franks sind zu alt, um zu merken, was davon Softcore ist und was nicht, also haben sie vielleicht das wahrgenommen.

„Warum sollte er hierher kommen wollen?"

Mr. Frank legt los darüber, dass die Toten mehr Insekt als Mensch sind. Sie haben kein Hirn oder Herz, und die Dinge, die sie damals kannten, als sie lebten, sind wie Magnete.

„Vielleicht solltest du es da drüben versuchen", sagt er zu ihr.

„Dort haben wir ihn gespürt", sagt sie. Aber sie nickt dem Bild von Rand zu. Es ist gerahmt und bräunlich, weil es nie gereinigt worden ist, und lehnt sich gegen die Wand, als ob es eingeschlafen wäre, so gelangweilt ist es von meinem Leben. Ich habe mal gedacht, dass wäre deprimierend.

Ich bin am Gang, am Telefon. Ich habe den Franks eine Liste von Fragen für Rand gegeben und bin gegangen, bevor sie das Papier aufgefaltet haben. Ich habe versucht, verschlüsselt zu schreiben, aber man erkennt, dass Rand schwul war und ich es nicht bin. In meinem linken Ohr ist Jude. Mein rechtes Ohr versucht zu hören, was Jim und die Reporterin sagen. Seine Tür ist zu, aber ich bin gerade ins Badezimmer gegangen.

„Ich weiß nicht, Larry", sagt Jude. Ich glaube, sie weint. Sie meint, ob Pete zu Hause ist oder was er vielleicht jemandem beichtet, er ist so besoffen.

„Liebst du mich?" Das war ein Flüstern. Jetzt sorge ich mich wieder oder will wissen, dass ich sie ficken kann, und bange, dass ich sie nicht lieben würde, falls wir ficken. Vielleicht war es wegen des blonden Mädchens.

Ich schätze, die Reporterin und Jim sitzen nicht auf oder ganz nahe bei Jims Bett, weil das, was sie sagen, nur nach einem Zimmer klingt.

„Was?", sagt Jude. „Herrgott, wen kümmert's?"

„Also, ich weiß, das du's tust, aber ich muss es hören."

„Larry, das ist verdammt ernst", sagt sie.

„Liebst du mich?"

Jims Zimmer wurde gerade still. Also habe ich das vermutlich geschrien.

„Larry?", sagt Jims Stimme. Ich kann erkennen, dass es von seinem Bett aus kommt.

„Hör zu, bring es einfach von der Hütte weg", sagt Jude. „Bist du übergeschnappt?"

„Das ist mein Bruder", sagt Jims Stimme, vermutlich zur Reporterin.

Das ist hart. „Ich liebe dich." Ich schätze, das tue ich, egal, wer mich hört. Ich weiß, dass ich es laut genug gesagt habe.

„Was?", sagt Jude. Es ist mir egal, wieso.

Dann warte ich und warte, aber Jim sagt so lange nichts, dass ich gegen die Wand trete und hämmere.

„Du hast mich gehört."

Der Friedhof ist voller Stars aus den Schwarz-Weiß-Zeiten. Man kann sie mit einer Karte finden. Er ist auch voller Leute in meinem Alter, die anscheinend niemanden hier kennen. Auf Rands Grab liegt etwas Totes, das einmal Blumen gewesen sein könnten. Es könnte von wo anders herübergeweht sein, oder die Leute in meinem Alter haben sie vielleicht herübergekickt. Die Franks schielen aus einiger Entfernung und befragen die Erde, und die Reporterin sieht zusammen mit uns auf dem Gras zu.

„Glauben Sie daran?" Es klingt wahrscheinlich, als meinte ich, an die Toten, aber ich meinte die Franks. Ich schätze, beide Antworten sind okay.

„Ganz ehrlich?", sagt die Reporterin. Sie ist vielleicht Mitte Dreißig und übermäßig gebräunt, mit blonden Haaren und Krähenfüßen bis zu den Ohren.

Ich warte und warte. „Vergiss es."

Sie ist nur an Jim interessiert. Er sitzt nahe zu ihrer Rechten. „Geht's dir gut?", sagt sie zu ihm und reibt seine Schulter.

„Müde", sagt er und gähnt.

„Komm her", sagt sie und kippt ihn in ihren Schoß. Seinen Kopf meine ich. Sie rückt ihn mit ihren Händen zurecht, damit er es bequem hat. Dann lächelt er zu ihr hinauf, was ich nicht fassen kann.

„Er ist ein Lügner." Das ist mir einfach herausgeplatzt.

„Wer?", sagt sie.

„Ich habe ihr nichts erzählt", sagt Jim. Ich habe einfach auf ihn hinuntergezeigt, damit sie weiß, wen ich meine.

„Jetzt bin ich gespannt", sagt sie und schaut mich an.

„Sie sind nicht seine verdammte Mutter." Ich schätze, das habe ich geschrien, weil die Franks ihr Mikrophon vom Boden aufheben.

„Larry", sagt Jim. Er ist auf der Seite gelegen, rollt sich aber auf den Rücken und schaut eindringlich aus ihrem Schoß zu mir herauf.

„Was tust du, Jim?" Auch das habe ich geschrien. Also schaut jetzt jeder auf mich, sogar die Typen und ihre Freundinnen in meinem Alter, die glauben, Friedhöfe seien cool.

„Damit will ich nichts zu tun haben", sagt die Reporterin und macht irgendwas mit ihren Händen. Als ob sie mich wegbürsten würde, oder was ich empfinde. Meine Mom macht das.

„Mach, dass du von ihm wegkommst."

„Wie bitte", sagt sie.

Ich stehe jetzt. Ich musste weiter weg von Jims Gesicht. Aber nun bin ich so weit weg, dass mir zum Heulen ist.

„Larry", sagt Jim wieder.

„Was."

Mein Bein hat gerade einem Grabstein eine verpasst und ihn vielleicht zerstört. Ich habe versucht weiterzulaufen, dann bin ich ins Gras gefallen und habe meine Wade gepackt. Der Schmerz ist nicht so schlimm, dass ich die Welt nicht sehen kann. Jim kommt auf mich zugerannt. Er ist total schlaksig. Ich kann nicht sagen, ob mich der Schmerz noch verrückter gemacht hat oder ob ich ehrlich bin, weil ich auf dem Rücken liege.

„Bist du okay?", sagt er. Er ist gerade angekommen und hat sich hingekniet.

„Nein." Ich weine noch immer, aber der Schmerz hat einen Schrei daraus gemacht. „Willst du einen Krankenwagen?", sagt er.

„Nein, wo sind sie?" Ich hebe meinen Kopf und schaue, aber der Schmerz in meinem Bein haut mich wieder um. „Kommen sie her?"

„Ja", sagt Jim, nachdem er zurückgeschaut hat, um nachzusehen.

„Haben du und Rand miteinander Sex gehabt?"

„Nein", sagt er. Zuerst hat er auf seinen Knien die Hände gefaltet und hinabgeschaut. Also kann ich ihm einfach nicht glauben.

„Doch, habt ihr."

Jim ballt seine Hände. Ich meine, so fest zusammen, dass sie sich mit dieser wirklich krassen Farbe füllen, und seine Arme irgendwie zittern. „Nein, haben wir nicht."

„Sag's mir."

„Vielleicht solltest du das Maul halten", sagt er und schaut hinter sich.

Ich kann das klirrende Equipment der Franks hören. Also sind sie nah genug, um uns zu hören, und vermutlich auch die Reporterin. „Ich muss es wissen."

„Halt's Maul", sagt Jim. Er schaut nochmals zurück und legt seine Hand auf meine Wade. „Tut mir leid", fügt er hinzu. Dann packt er sie, so fest wie er kann.

„Verdammt."

Mein Unterschenkel ist nur geprellt, aber niemand glaubt, dass ich fahren kann. Ich war daneben, als sie das beschlossen haben. Also fahren die Franks Jim in meinem Wagen und ich sitze am Beifahrersitz der Reporterin. Ich schätze, sie schreibt einen Artikel mehr über Typen in der Highschool und Depressionen. Das war ihr Ding bei Jim. Es steht in Zusammenhang mit Columbine. Sie hat so viele Bücher gelesen, dass sie deprimierte Typen sehen kann, als ob wir

Geister wären. Wir müssen uns nicht bewegen. Wir müssen vorher nicht einmal mit ihr reden. Sie sagt, mein Problem sei Wut mit noch einem größeren Wort gemischt, also interessiere ich sie nicht. Das ist nicht ihr Ding. Zuerst habe ich gedacht, sie würde mich vor Jim retten, wenn sie die richtigen Worte verwendet, aber er ist bislang zu undurchschaubar. Das ist ihr Ding. Das weiß ich bereits. Also höre ich jetzt kaum zu. Sie ist einfach verwirrt wegen Jim, so wie ich, bevor mich Rand noch mehr verwirrte und ich zu trinken anfing. Früher habe ich mir Sorgen gemacht, was mit Jim los sei. Er ließ es so rüberkommen, als ob das, was ich ihm antat, helfen würde, aber ich schätze, ich war krank, und es war nicht so.

„Was?" Ich glaube, die Reporterin hat gerade etwas Nettes gesagt. Alles, was ich gehört habe, war der Klang.

„Ich sagte, wo muss ich nochmal abbiegen?", sagt sie.

Es spielt keine Rolle. „Die nächste Straße, aber fahren Sie kurz ran."

Sie schaut in den Spiegel, dann verlangsamt sie nach rechts. Mein Wagen fährt an uns vorbei. Ich sehe ihm nach, bis sie in eine Straße abgebogen sind, die nach einigen Blocks in unsere Straße biegt.

„Folgen Sie ihnen einfach." Dann öffne ich die Tür und steige aus. Ich glaube, ich weiß, wo ich bin.

Patsys Mom öffnete die Tür, als ich klopfte, drehte sich dann um und rief nach ihr. Ich wusste ihren Namen nicht mehr, bis er auf diese Weise gerufen wurde. Ich hatte eine Lüge parat, warum ich vorher nicht angerufen hatte. Vielleicht macht der Schmerz aus meinem Bein etwas mit meinem Gesicht, denn Patsy sah aus, als würde sie sich Sorgen machen. Also erzählte ich eine Lüge, wie ich mich verletzt habe. Das war alles, worüber wir in ihrem Zimmer geredet haben. Die Geschichte ist doof. Ihr Zimmer sieht aus, wie meines aussehen könnte, wenn ich es nicht hätte unheimlich aussehen lassen, damit Rands Geist darin abhängt. Es war komplett voller Bilder und Poster von Jungs wie Jim, nur fitter und in Rockbands.

„Hast du einen jüngeren Bruder?", sagt sie. Wir sitzen auf ihrem Bett. Ich war zuerst dort. Ich schätze, sie hat einfach entschieden, dass mein Schmerz Schnee von gestern sei, und das Thema gewechselt.

„Ja, warum?"

„Das dachte ich mir", sagt sie. „Jim, richtig?"

Das kostet mich eine Sekunde. „Ja, die Leute mögen ihn."

„Wie ist er so?", sagt sie.

„Ich weiß nicht. Dauernd deprimiert, wieso?"

„Das merkt man", sagt sie.

„Warum hast du denn dieses Geisterbuch gelesen?" Ich schätze, ich habe Stapel oder Regale davon erwartet. Ich kann nicht einmal das sehen, oder irgendein Buch.

„Es gehört meinem Dad", sagt sie. „Er ist Therapeut."

„Ach so." Ich wusste, da war was, warum ich ihr nicht traute.

„Er sieht zu, dass ich in seinem Büro rumhänge und Psychologiebücher lese, damit wir eine Bindung aufbauen", sagt sie. „Sie sind geschieden."

„Ach so."

„Aber so habe ich deinen Bruder kennengelernt, also alles cool", sagt sie.

„Ja, wir reden kaum." Dann lege ich mich auf den Rücken. Das ist bloß Zufall, oder wegen der bedrohlichen Wände.

„Das ist schade", sagt sie.

„Ich bin mehr oder weniger der Grund, warum er deprimiert ist."

„Magst du auch Folkmusik?", sagt sie.

„Nein, ich deprimiere Leute bloß. Dein Dad weiß alles darüber."

„Das ist schade", sagt sie.

„Ich habe vor ein paar Jahren mehr oder weniger den Verstand verloren."

„Du gehst mit Jude, stimmt's?", sagt sie.

„Ich bin mit ihr gegangen, aber wir haben Schluss gemacht."

„Das wusste ich nicht", sagt sie. „Ich habe jetzt mehr oder weniger einen Freund."

„Kannst du dich an den Typen in der Schule erinnern, der letztes Jahr gestorben ist?"

„Ja", sagt sie.

„Er war mein bester Freund. Ich glaube, er war in mich verliebt, aber ich war nicht schwul, also ist er drogenabhängig geworden. Jetzt sind meine Freunde nur gestörte Typen, die in mich verliebt sind."

„Hast du dich in einen davon verliebt?", sagt sie.

„Es ist eher so, dass ich mir Sorgen mache, dass ich es werde."

„Oh, also Jude ... ich verstehe", sagt sie.

„Bist du in deinen Freund verliebt?"

„Ich weiß nicht. Es ist anders", sagt sie.

„Ich habe nicht einmal meinen Freund geliebt, bis er tot war. Ich liebe nicht einmal meinen Bruder."

„Mein Bruder ist gestorben", sagt sie.

„Das ist komisch. Meiner wäre beinahe, ein paar Mal."

„Vermutlich hat mich mein Vater deshalb dazu gebracht, über Geister zu lesen ", sagt sie. „Warte mal, dein Bruder wäre beinahe gestorben?"

„Er hat's versucht."

„Ich wusste nicht, dass es so ernst war", sagt sie.

„Wie ist dein Bruder gestorben?"

„Er hat sich verirrt, als er campen war, und ist von einer Klippe gefallen", sagt sie und zeigt auf eines der Bilder an der Wand. „Das ist er."

Ich drehe den Kopf und schaue. „Er sticht irgendwie heraus." Es ist auf dasselbe Ausmaß vergrößert wie die anderen. Er ist auch blond, sieht aber eigentlich aus wie jemand, der einen ansieht und dem es etwas bedeutet.

„Ja, so süß war er nicht," sagt sie.

„Nein, ich meine, er wirkt wie ein tiefsinniger Mensch."

„War er nicht, echt nicht", sagt sie. „Er ging nur gerne Schi fahren und campen und so."

„Aber die Natur zu mögen, kann tiefsinnig sein."

„Mag dein Bruder die Natur?"

„Nein, er mag Folkmusik." Ich habe ihren Bruder abgeschrieben und einen Arm über meine Augen gelegt. Also bin ich vermutlich aufgebracht.

„Ich stehe auf diese Art Musik nicht wirklich, aber ich mag ein paar Songs", sagt sie.

„Ich bin derjenige, der ihn verkorkst hat."

„Ich bin sicher, das hast du nicht", sagt sie.

„Ich glaube, ich habe ihm etwas richtig Schlimmes angetan."

„Echt?", sagt sie.

„Ja, ich weiß nicht mehr. Das heißt, ich weiß, was ich getan habe, aber ich kann nicht begreifen, warum das schlimm war. Aber wenn es ihn so verkorkst hat, war es vermutlich schlimm."

„Was hast du getan?", sagt sie. „Du musst es nicht sagen."

„Ich habe ihn früher manchmal halt gehalten."

„Das ist nicht schlimm", sagt sie.

„Vielleicht war es auch sexuell." Zuerst habe ich meinen zweiten Arm über meine Augen gelegt.

„Oh, das ist nicht so cool", sagt sie. „Weiß das mein Dad?"

„Es ist eher so, dass es für ihn sexuell war, aber nicht für mich. Ich hatte Freundinnen und so."

„Das ist wirklich komisch, dass du das sagst", sagt sie.

„Du meinst, es ist schlimm, so oder so?"

„Ich weiß nicht", sagt sie. „Du bringst mich in Verlegenheit."

Ich umarme mehr oder weniger meinen Kopf. Das ist nicht gut. „Tut mir leid."

„Ist okay", sagt sie.

„Ich weiß nicht, warum ich es dir erzählt habe. Ich hab halt gedacht, du magst Bücher."

„Wieso, magst du sie?", sagt sie.

„Früher schon, aber sie verwirren mich. Jetzt stehe ich mehr auf Geister, weil es den Anschein hat, dass die dir die Wahrheit sagen würden. Es sieht nicht so aus, als ob sie lügen könnten."

„Mein Dad glaubt nicht an Geister", sagt sie. „Er meint, es ist lächerlich."

„Und du?"

„Ich glaube, ich vermisse einfach meinen Bruder", sagt sie.

„Ich weiß. Ich vermisse meinen Freund auch."

„Wenn Brett leben würde, würde ich wahrscheinlich meinen, er wäre ein Loser", sagt sie. „Ich habe ihn immer für einen Loser gehalten."

„Als mein Freund starb, war er auch ein Loser."

„Brett ging dauernd campen", sagt sie. „Es war doof."

„Rand war drogenabhängig."

„Ich erinnere mich", sagt sie. „Er hat mir irgendwie Angst gemacht, aber so gut kannte ich ihn nicht."

„Ich dachte, dass er Sex mit meinem Bruder hatte. Vielleicht hatte er das auch."

„Also ist dein Bruder schwul?", sagt sie.

„Ich weiß nicht. Irgendwie glaube ich, dass er es ist, aber ich glaube ständig, dass jeder schwul ist."

„Das wäre ein Jammer", sagt sie und lacht.

„Diese Bandtypen sind wahrscheinlich schwul."

„Das sagen immer alle", sagt sie. „Aber ich schätze, das spielt keine Rolle. Ich würde sowieso nicht mit denen zusammensein wollen. Ich weiß, das sind nur blöde Typen, die Geld machen wollen."

„Wärst du gerne mit Jim zusammen?"

„Ganz ehrlich?", sagt sie. „Irgendwie schon, abgesehen davon, dass er zu jung ist. Was meinst du mit 'zusammen'?"

„Ich weiß nicht. Als Verliebte."

„Okay, wenn ich an ihn denke?", sagt sie. „Bin ich die Einzige, die ihn versteht, und er merkt das und verliebt sich in mich."

„Was ist mit Sex und so?"

„Okay, das ist komisch", sagt sie. „Wenn ich an ihn denke, endet es immer damit, dass wir wissen, wir werden es tun, und dass es süß sein wird. Klingt das doof?"

„Nein, aber ich bin verwirrt, was Sex anlangt. Ich denke die ganze Zeit daran, aber es ist, als ob der Teil von mir unbewusst wäre oder so, weil es mir vorkommt, als würde ich nie darüber nachdenken. Es ist schwer zu beschreiben."

„Ich verstehe nicht ganz, was du meinst", sagt sie.

„Okay, erschrick nicht, aber ich bin hergekommen, weil ich dich ficken wollte. Aber ich habe nie darüber nachgedacht, wie ich dich ins Bett kriegen könnte? Ich glaube, die meisten Typen haben bereits einen Plan."

„Irgendwie dachte ich, dass du das hättest", sagt sie und lacht.

„Aber ich habe nicht einmal daran gedacht."

„Echt nicht?", sagt sie.

„Ja, ich rede mit dir einfach nur ganz ehrlich, und das tue ich fast nie. Also in erster Linie denke ich, warum mache ich das? Ich kenne dich nicht einmal."

„Ich schätze, ich habe gedacht, dass du das hättest", sagt sie. „Und ich habe überlegt, was ich machen würde."

„Ich *will* es. Ich meine, wenn ich eine Sekunde lang zu reden aufhören und dich ansehen könnte, würde ich es wirklich."

„Das ist süß", sagt sie.

„Aber ich denke auch, warum? Warum würde ich?"

„Weil du mich magst?", sagt sie.

„Ja, aber tue ich das? Oder bin ich nur verwirrt, weil es so einfach ist, mit dir zu reden?"

„Bist du sicher, dass du nicht schwul bist?", sagt sie.

„Wenn ich schwul wäre, würde ich bei Typen nicht ausrasten. Ich werde richtig wütend. Ich kann nicht einmal darüber reden."

„Okay", sagt sie. „Das ist interessant."

„Ich meine, ich schlage sie. Ich verprügle sie. Ich weiß nicht einmal, warum ich das tue."

„Das ist nicht cool", sagt sie.

„Ich weiß, aber ich kann mir nicht helfen. Ich glaube, ich bin verrückt."

„Vielleicht solltest du nicht so viel nachdenken", sagt sie. „Mein Dad würde mich töten, wenn er das gehört hätte."

„Das habe ich schon versucht. Das ist Bullshit."

„Weißt du, was ich an dir immer mochte?", sagt sie. „Auch schon, bevor ich wusste, dass du mit Jim verwandt bist?"

„Gott, das würde ich wirklich sehr gerne wissen."

„Du kennst doch diese Jeanne?", sagt sie.

„Ja, wir sind miteinander gegangen, bevor sie ein Nazi wurde."

„Ich weiß, das ist so krank", sagt sie. „Jeanne hat mir erzählt, dass du angefangen hast zu weinen, wenn ihr Sex hattet. Sie fand das süß. Ich fand auch, das würde sich süß anhören."

„Ich kann ganz schön durcheinander sein."

„Sie sagt, dieser Nazityp Gilman macht das auch", sagt sie. „Das würde man doch nie denken."

„Er ist ziemlich gestört, aber das ist komisch."

„Ich mochte immer, dass du so bist", sagt sie.

„Aber so bin ich nicht mehr. Jetzt weine ich die ganze Zeit. Es braucht gar nichts dazu. Ich muss nicht einmal mit einem Mädchen zusammen sein."

„Macht mir nichts aus, wenn du weinst", sagt sie.

„Ja, aber ich kann nicht. Ich meine, danke, aber es kommt mir so vor, als ob ich den ganzen Tag geweint hätte. Ich glaube, ich bin hierher gekommen, damit ich nicht weine, wirklich. Ich glaube, ich wollte dich ficken, aber ich schätze, ich musste einfach nur mal reden."

„Wir können weiterreden", sagt sie.

„Ja, aber ich merke, dass es nicht helfen würde. Ich sollte mit jemandem reden, der mich kannte, bevor ich durchgedreht bin, und mir sagen kann, was anders ist. So oder so, du magst Jim, und ich möchte im Augenblick nicht an ihn denken. Und ich schätze, all diese Bilder da machen mich wahnsinnig."

„Okay, tut mir leid", sagt sie.

„Das ist schon okay. Vielleicht könntest du mich fahren."

„Klar, wenn du willst", sagt sie,

„Tut mir leid. Du bist wirklich schön."

„Schon okay", sagt sie. „Ich hab gedacht, dass du nicht mal anrufen würdest."

4.

Rands Familie ist so fokusiert und reich, im Vergleich zu meiner. Sie haben eine lange, ansteigende Einfahrt. Haus und Vorgarten sind so großartig, dass sie schon in schlechten Horrorfilmen waren. Mir kam diese Idee auf halbem Heimweg und Patsy ließ mich unten raus. Als ich also endlich zur Tür komme, versaut mein übles Bein den Rest von mir.

„Larry", sagt seine Mutter. Sie ist überrascht und umarmt mich. Ich habe das früher gehasst, aber ich musste seither daran denken, dass sie das macht.

„Es tut mir leid."

„Nein", sagt sie. „Das ist so nett."

Sie bemerkt, wie ich dastehe, und lässt mich, kaum drinnen, auf einem Stuhl Platz nehmen. Es ist dasselbe Wohnzimmer. Sie sieht beinahe gleich aus, aber das hat extra Make-Up benötigt.

„Ich mache eine schwere Zeit durch."

Daraufhin setzt sie sich auf einen Stuhl und schenkt mir eine wirklich unfassbar wirkende Aufmerksamkeit. Ich schätze, das macht mich wütend, und ich kann nicht reden.

„Wir haben dich vermisst", sagt sie schließlich.

„Habe ich denn nun Rand getötet?"

„Nein, mein Süßer", sagt sie. „Er hatte ein Aneurysma. Nichts hat es verursacht."

„Sie wissen, dass wir uns geprügelt haben."

„Ich weiß", sagt sie. „Er hat es mir erzählt. Das ist es nicht gewesen."

„Wissen Sie, warum?"

Sie sieht irgendwohin in die Ferne und denkt vermutlich eine Weile zurück an jenen Tag. Das löst in ihr nicht solche Herzlichkeit aus wie zuvor ich.

„Ich meine, warum wir gekämpft haben."

„Ich weiß, was du meinst", sagt sie. Ich schätze, es ist schwer für sie, mich wieder anzusehen, aber sie tut es. „Kann ich dir etwas zeigen?". Dann lächelt sie, aber es ist, als ob mich ihr ganzer Körper bitten würde, ja zu sagen.

Ich weiß nicht. „Okay."

Sie ist gerade zurückgekommen. Ich weiß nicht, wo sie war, aber ich habe jemanden in Rands Zimmer umhergehen gehört. Es liegt über meinem Kopf rechts. Vielleicht haben sie Steve das Zimmer gegeben, aber es hat leichter geklungen als er. Bis sie es mir ausgehändigt hat, habe ich es nicht in ihren Händen gesehen. Es ist so ein Fotoalbum, das man in Drogerien kaufen kann.

„Wusstest du davon?", sagt sie und setzt sich wieder hin.

„Mehr oder weniger." Zuerst wusste ich, dass es da etwas gab, und dass es vor mir ein Geheimnis hatte. Ich hatte so eine Ahnung, wo er es versteckt, aber die war falsch. Er hat es nur zweimal erwähnt, und ich habe einmal danach gesucht, als er unter der Dusche war. Ich dachte, es wären Drogen, in einer Schachtel vielleicht. Bevor ich die Nacktfotos fand, hatte ich es schon vergessen. „Wollen Sie, dass ich es öffne?"

„Musst du es öffnen?", sagt sie.

Ich schätze, darüber muss ich nachdenken. Im Grunde weiß ich, was drinnen ist, aber ich weiß nicht genau, ob ich es jetzt sehen sollte. Aber ich fummle am Rand des Albums herum und schaue sehr gebannt auf den Deckel. Darauf steht ein Wort, mit Filzstift geschrieben.

„Das sind Bilder von Jim", sagt sie.

„Ich weiß." Glaube ich zumindest. Es war nicht nur das Wort.

„Du hast davon gewusst?", sagt sie.

„Deshalb haben wir uns mehr oder weniger sozusagen geprügelt."

„Ich habe es deinen Eltern nicht erzählt", sagt sie. „Mein Mann würde das nicht zulassen, aus Sorge um deinen Dad." Dann sagt keiner von uns irgendetwas. Daher öffne ich einfach das Album und blättere schnell durch. Ich kann nicht anders.

„Es wäre mir angenehmer, wenn du es dir nicht jetzt anschauen würdest", sagt sie.

„Okay." Aber ich schaue weiter.

„Ich denke, zumindest deine Mutter sollte es wissen", sagt sie. Es stört mich wirklich sehr, das Album zuzuklappen. Ich möchte nach Hause gehen und sie anstarren, bis ich mich an alles erinnere und entscheiden kann. Aber ich will nicht, dass sie es zurückverlangt, deshalb klappe ich es zu.

Sie fährt mich heim. Sie haben einen Lexus, und drinnen sehr leise klassische Musik. Vielleicht rufe ich sie irgendwann mal an, wenn das Album in Sicherheit ist. Ich habe es unter meinen Arm geklemmt, für den Fall, dass sie ihre Meinung ändert. Meine andere Hand ist an der Tür, für den Fall, dass sie fragt, warum ich nichts unternommen habe, um es zu unterbinden. Ich schätze, das habe ich.

„Also haben Sie es gefunden, nachdem er gestorben ist?"

„Was?", sagt sie. Vielleicht weiß sie nicht mehr, was „es" ist. Es liegt in unserer Unterhaltung mittlerweile weit zurück. „Nein, kurz davor." Dann spielt sich plötzlich was Neues in ihren Augen ab, und sie sieht mich an.

„Oh."

„Mein Süßer.", sagt sie. Dann denkt sie vermutlich über mich nach, oder mich in Verbindung mit allem anderen. Ich kann erkennen, dass ich dabei bin. „Rand hat Selbstmord begangen."

„Oh." Ich muss aus dem Fenster sehen „Wie?"

„Na schön", sagt sie und bremst den Lexus, bis er nahe beim Randstein hält. Wir sind immer noch in der hügeligeren, reichen Gegend, daher gibt es Millionen von Bäumen. Sie parkt das Auto ein, lässt es aber laufen. Dann sitzen wir eine Sekunde lang da. „Wir haben dich wirklich immer gemocht."

„Ich Sie auch." Das habe ich damals nicht, tue es aber jetzt, wenn ich an sie zurückdenke.

„Rand hatte viele Probleme", sagt sie.

„Ich weiß."

„Ich will nicht Jim die Schuld geben, aber es ist schwer", sagt sie. „Mein Mann gibt Rand die Schuld, aber das kann ich einfach nicht. Ich bin seine Mutter."

„Wie hat er es getan?"

„Wir haben ein E-Mail von Jim gefunden", sagt sie. Sie sieht aus, als würde sie das E-Mail in Gedanken noch einmal lesen. Es muss heftig sein. „Ich sehe ein, dass er ein junger Bub ist."

„Ich bin wirklich verwirrt."

„Ich weiß", sagt sie. „Ich bin sehr egoistisch."

„Ich meine immer, nicht nur jetzt."

Dann sitzen wir wieder da. Ich weiß nicht, warum ich gedacht habe, sie würde verstehen wollen, was ich empfinde. Sie ist nicht mein Freund.

Als ich nach Hause komme, schlafen alle. Meine Mutter hat es tatsächlich ins Bett geschafft. Ich muss die Treppe wegen meines Beins wirklich langsam hinaufgehen. Sie hinterlässt eine Nachricht auf der Treppe, wenn jemand angerufen hat und sie nicht zu betrunken war. Ich hoffe immer, sie schreibt etwas Nettes, aber ihre Nachrichten sind immer nur Namen, manchmal Telefonnummern, und wann die Anrufe stattgefunden haben, wenn überhaupt. Es gibt keine Nachricht, aber ein Zettelchen auf meinem Bett. In Jims Schrift, und darauf steht, ich solle ihn wecken, wenn ich ihn finde, egal wie spät. Es ist eine Weile her, dass er das geschrieben hat. Ich erinnere mich, dass die Nachrichten an mich netter gewesen sind, oder bilde mir das ein. Ich hob sie immer auf, weil ich dachte, sie hätten etwas zu bedeuten, oder die Handschrift. Er schreibt wie ein kleines Mädchen und fühlt sich mehr oder weniger wie eines, wenn es dunkel ist, aber ich wusste, dass er keines war. Vielleicht gefiel es ihm nicht, dass das Schlafzimmer immer dunkel zu sein hatte und Rand es immer hell ließ, und Dinge tat, von denen ich nur durch die Wand sagte, dass ich sie mit ihm machen würde. Ich bin nicht sicher, ob das stimmt. Ich setzte mich einfach auf mein Bett und fing an, noch einmal das Album durchzublättern. Ich weiß, dass ich einige dieser Bilder gesehen und sie in meinem Kopf zu andren, ähnlichen, verdreht habe, aber ich schätze, sie sind einfach verstörend, wenn man weiß, dass sich der Typ, der sie gemacht hat, umgebracht hat, und der Typ darauf noch nicht.

Ich musste Jim nicht so fest schütteln. Zuerst setzte ich mich an seinen Computer. Er ist immer an. Ich habe all die alten E-Mails gefunden, weil er einmal blöderweise gesagt hat, dass sein Passwort mein Name sei. Es gibt zwei von Rand. Eines ist besonders alt und erwähnt nur einen Link auf eine Folkmusik-Website. Aber die letzte machte mich so wütend, dass ich aufstand und meine Hände in die Hosentaschen stopfte. Es sind Fäuste. Ich weiß nicht, was ich getan hätte, wenn ich nackt gewesen wäre.

„Larry?", sagt Jim und versucht, mich durch das Dunkel zu sehen. Als er es kann, setzt er sich auf und hüllt die Decke um sich.

„Ich habe deine Nachricht erhalten."

„Ist dein Bein in Ordnung?", sagt er und gähnt.

„Ja, es sieht nur übel aus und tut weh." Ich lege den Fuß auf das Bett und ziehe meine Jeans mit den Fingern hinauf.

„Warte", sagt er und greift nach dem Knopf an der Lampe bei seinem Bett. Das kostet ihn eine Sekunde. Dann kommt er sehr nahe und eine seiner Hände hilft mir, die Jeans hinaufzuziehen, damit er den ganzen Bluterguss sehen kann.

„Ich dachte, es wäre gebrochen."

Es fällt etwas Licht auf eine Seite seines Gesichts und gerade genug auf den Schritt meiner Jeans. Deshalb weiß ich, was er im Visier hat. Es war ernst, als ich mir die Bilder ansah. Aber nach dem, was ich gerade gelesen habe, musste ich mich darauf konzentrieren, wie Jude nackt aussieht.

„Nicht so schlimm", sagt er und schaut mir in die Augen. Er scheint das nicht lange tun zu können und schaut weg, auf nichts oder irgendeinen verwirrenden Gedanken.

„Ist mir egal."

Ich lasse mein Hosenbein aus und packe seine Decke. Als er sich nicht bewegt oder etwas sagt, ziehe ich sie ihm weg. Ich will einfach nur wissen, was er empfindet. Er bedeckt es mit seinen Händen, aber nicht schnell genug.

„Ja", sagt er. „Was soll's?" Dann nimmt er seine Hände weg und zeigt es mir. Das ist konkret genug. Das wird der Grund sein, was auch immer ich tue.

Wir steuern auf die Berge zu. Ich glaube nicht, dass wir so weit kommen. Er hat mich immer gebeten, mit ihm wegzufahren, wenigstens in ein Motel. Vielleicht war es mein Wunsch, das zu tun. Es ist etwa drei Uhr morgens. Da wir abgehauen sind, bevor uns Mom Frühstück gemacht hat, fange ich an, das zu spüren.

„Bist du hungrig?"

„Ich könnte was vertragen", sagt Jim.

Das letzte Mal, als ich hier herausfuhr und mich fast genauso fühlte, habe ich so getan, als ob Jim bei mir wäre. Ich glaube, das wird mir jetzt bewusst. Ich brauchte vorher einfach einige Tage, um alles von ihm zu lesen und sehen, was ich nur konnte.

„Das ist so heftig." Ich meine das wirklich. Er weiß nicht, wie heftig.

„Wir werden sehen", sagt er.

Ich habe das Notizbuch des Jungen mitgenommen. Es ist unter meinem Sitz deponiert. Ich kann mich nicht entscheiden, wann ich Jim auffordern soll, es zu lesen, deshalb zähle ich auf Essen. Ich habe bereits eine komplette Geschichte, warum ich es habe, falls er fragt.

„Ich meine, das hoffe ich", sagt er. Er meint wegen des Sehens. Manchmal braucht er einfach eine Minute. „Du wirkst nur irgendwie kalt."

„Ist das okay?" Wir fahren bei diesem IHOP ran. Draußen ist es weniger dunkel, und wird heller, nicht dunkler. Bisher ist das der einzige Unterschied, den er macht. „Ja, du auch."

„Glaubst du, dass er lebt?", sagt Jim. Er meint den Jungen und ich habe gerade den Flyer erwähnt. Ich schätze, ich brauche etwas, das nur das Notizbuch wieder hinbekommt.

„Nein." Ich studiere die Speisekarte. Er auch.

„Ich auch nicht", sagt er.

„Was, meinst du, ist passiert?"

Jim klappt die Speisekarte zu. Ich schätze, er ist sich darüber klar geworden. „Ich weiß nicht", sagt er und sieht sich im

Restaurant um. Es sind nur wenige Leute hier, und die sind Lastwagenfahrer. „Was denkst du?"

„Ich denke, er wollte sterben, also spielt es keine Rolle."

„Du hast wahrscheinlich Recht", sagt er und schaut mich an. Dann drehen wir beide den Kopf und schauen aus dem Fenster ins Nichts, bis ich nicht mehr kann.

„Ich habe dich vermisst."

„Ja, es ist anders", sagt Jim. „Wer war denn bei dir, als du mich bei Bill angerufen hast?"

„Du kennst ihn nicht. Ein Typ aus der Schule."

„War es Pete?", sagt er.

Zuerst frage ich mich, wie viel er davon versteht und komme zu keinem Entschluss. Ich weiß, dass er sich in mein Zimmer stiehlt. „Nein, das ist vorbei."

„Ach ja?", sagt er, mit einer Stimme, in der nichts ist, was ich greifen kann.

„Das war nur ein merkwürdiger Versuch, mich selbst zu finden."

„War Bill auch so", sagt er.

„Weiß ich nicht."

Er schaut immer noch zum Fenster hinaus. Es kann nicht wegen der Autos oder dem großen, typischen Restaurantschild sein.

„Ich glaube, das war mehr wegen dir."

Er schaut weiter hinaus. „Ich mag Pete."

„Fick dich." Dann lache ich.

„Schön wär's", sagt er und lacht. Das ist nett. „Das ist gemein. Tut mir leid."

„Vielleicht mache ich das, wenn du deine verdammte Fresse hältst." Dann schaue ich auch zum Fenster hinaus. Da ist einfach nichts, da draußen.

Nach einer Weile kam ein gestörter Typ ins Restaurant und bestellte einen Kaffee zum Mitnehmen. Er sah einfach nur arm aus, bis er zu schreien anfing. Irgendwas über UFOs und sein Hirn. Die Kellnerin servierte gerade unsere Teller ab. Entweder kannte sie seinen Spitznamen von früher, oder dachte sich einen aus, um uns zum Lachen zu bringen. Mich nicht. Ich fand es nicht komisch.

Ich habe gerade den Wagen angelassen und Jim hat abermals gelacht. Deshalb bin ich wütend.

„Dein Gesicht", sagt er. Wir sind schon wieder auf der Autobahn, deshalb kann ich ihn nicht lange anschauen und muss zornig aussehen. Er will nicht aufhören zu lachen.

„Was?"

„Ist nichts Schlimmes", sagt er.

„Ich glaube, ich bin nicht mehr so verwirrt."

Er sieht mich an und lacht wieder. Dann dreht er das Autoradio an. Ich habe es auf einen Sender eingestellt, den ich mochte, bevor Rand gestorben ist. Er spielt laute, hämmernde Songs, die mir immer geholfen haben, wütend zu werden, wenn ich nicht konnte.

„Was ist so komisch?" Ich schätze, jetzt lacht er auch über die Musik.

„Okay, du schaust mich immer wieder an, als ob ich deine Freundin wäre", sagt er.

„Siehst du, dann kapierst du nicht."

„Larry", sagt er und lacht. „Ich steh drauf."

„Weil ich meine, dass er mein dreizehnjähriger Bruder ist. Mehr ist er nicht."

„Was?", sagt er und lacht noch fester. Es wird unschön.

Jim liest das Notizbuch. Ich bin noch wütender geworden und habe es hervorgeholt. Er ist damit auf den Rücksitz gekrochen, daher kann ich ihn beim Lesen nicht beobachten. Zuerst ist er aufrecht gesessen, hat sich aber hingelegt. Ich müsste einen Unfall bauen, um ihn zu sehen. Also höre ich zu, wie er atmet und die Seiten umblättert. Er ist viel langsamer geworden. Wir sind an dem Motel vorbeigefahren, in dem ich vor einiger Zeit mit dem Jungen abgestiegen bin. Jetzt habe ich kaum noch einen Plan auf Lager.

„Ich muss pinkeln." Muss ich nicht. Ich fahre einfach bei irgendeiner Raststätte ab.

„Okay", sagt Jims Stimme, die richtig müde klingt. Er hätte vermutlich schon eine Weile schlafen können und ich hätte es nicht bemerkt.

Es ist noch ein Auto hier, und zwei riesige, lange Lastzüge. Ich will Jim ansehen, aber ich glaube, es ist zu hell.

„Gehst du nicht pinkeln?", sagt Jim. Wir sind hier eine Minute lang eingeparkt gesessen, in der ich mich fragte, was ich mir gedacht habe.

„Schätze schon. Was ist mit dir?"

„Ich sollte", sagt er.

Die Toilette ist aus Baumstämmen erbaut, wie eine Holzhütte. Vielleicht funktioniert das in fünfundzwanzig Jahren, wenn die Bäume rundherum größer werden. Ich benütze immer eine Kabine und schließe die Tür. Jim hat noch nicht gepinkelt oder auch nur den Zip seiner Hose geöffnet. Ich kann auch nicht. Er verlässt die Toilette, bevor ich aufhöre, es zu versuchen. Ich dachte, er würde empfinden, was ich empfand, und an die Tür klopfen. Ich habe sogar die Faust geballt, nur für den Fall.

Der Wagen sieht leer aus. Also liest Jim vermutlich wieder das Notizbuch oder schläft. Eine Weile ist er einfach mit geschlossenen Augen dagesessen und hat nachgedacht. Ich bin bei dem Automaten, den ich eine Zeit lang umkreist habe, und habe zwei Cokes gekauft. Ich habe genug Pillen in meiner Hand, um Jim zu töten. Es sind meine Antidepressiva. Die sind vom ursprünglichen Plan noch übrig. Ich weiß, es sind genug. Der Arzt hat gesagt, Jim wäre das letzte Mal gestorben, wenn ich nicht genau dann in sein Zimmer gegangen wäre. Niemand weiß, wie lange ich gewartet habe. Ich habe sogar die Laken weggezogen und mein Ohr an seinen Rücken gedrückt, um sicherzugehen. Dann bin ich in mein Schlafzimmer gegangen und habe geweint, bis ich mich nicht töten konnte und Mom geweckt habe.

**

Jim hat versucht, im Sitzen zu schlafen, oder so getan. Schließlich hat er einen Schluck vom Coke genommen. Es ist in seiner Hand, die neben seinen Genitalien ruht. Ich weiß, dass er es dort platziert hat, damit ich sehe, was daneben ist.

„Was machen wir denn überhaupt?", sagt er.

„Rat mal."

„Aber das tun wir ja offensichtlich nicht", sagt er.

„Ich muss einfach vorher reden."

„Was denn. Darüber, wie böse ich bin?", sagt er.

„Ich bin auch böse."

„Nein, bist du nicht", sagt er. „Du bist großartig." Er musste einen Schluck vom Coke nehmen und dann eine Sekunde lang seine Augen schließen, um das hinzuzufügen.

„Du bist der Einzige, der so denkt."

„Rand hielt dich für großartig", sagt er.

„Ja, aber er war schwul."

„Das bist du auch", sagt Jim.

„Nein, bin ich nicht."

„Doch, bist du", sagt Jim.

„Ich habe mir nur Sorgen um dich gemacht."

Das kostet ihn eine Sekunde. „Also was machen wir jetzt?", sagt er.

„Ich mache mir immer noch Sorgen um dich."

Das kostet ihn noch eine Sekunde. „Du wirst es nicht einmal versuchen?", sagt er.

„Ich versuche es."

„Du benimmst dich aber nicht danach", sagt er.

„Na ja, ich hab Angst. Ich bin nicht wie du."

„Genau, ich hab keine Angst", sagt er.

„Also ging es dir bei der ganzen Sache mit Rand nur um mich?"

„Welche Sache?", sagt er.

„Zum Beispiel bei diesen Bildern in dem scheiß Fotoalbum." Ich schätze, das habe ich gebrüllt, oder zumindest die letzten Worte.

Ich schätze, Jim kann nichts sagen, so geschockt ist er. Als er Rands letztes E-Mail bekam, schrieb er zurück und bettelte Rand an, wenigstens die Bilder zu verbrennen. Das ist alles. Er sagte nicht, bring dich nicht um. Er sagte nicht, Larry ist auch in dich verliebt, obwohl Rand Jim erzählte, dass er deswegen daran dachte, sich umzubringen. Ich meine, weil ich es nicht war. Jim könnte gelogen haben. Ich lüge die ganze Zeit. Es ist nicht allzu schwer.

„Ja, genau."

„Ja, genau", sagt er und trinkt Coke.

„Ich glaube, dass du mich verrückt gemacht hast."

„Wahrscheinlich", sagt er.

„Ich wollte, dass du stirbst in jener Nacht. Ich bin auf deinem Bett gesessen und habe gewartet, bis ich dachte, du wärst tot, bevor ich es Mom gesagt habe."

„Warum?", sagt er.

„Weil du mich verrückt gemacht hast."

„Hast du Rand deshalb geschlagen?", sagt er. Es war fast ein Schrei. Dann tritt er so fest gegen den Boden des Wagens, dass er nach seinem Fuß greifen und zusammenzucken muss.

„Ja, deshalb tu ich all das, was ich tue. Deshalb habe ich Rand geschlagen. Deshalb habe ich nur Freunde, die schwul sind. Deshalb tue ich Dinge, von denen ich dir nicht einmal erzählen kann. Du hast mich so durcheinander gebracht."

„Komm schon, Larry", sagt er.

„Was?"

„Du lügst", sagt er. Es war mehr wie ein Brüllen. Er setzt sich so weit vor, wie es der Sicherheitsgurt ihm erlaubt und schreit so laut, als ob er sein ganzes Leben rauskotzen würde. Es könnte zum Teil am Coke liegen.

„Worüber?"

Er legt eine Hand über die Augen und drischt seinen Kopf mit dem Coke. Es klingt immer noch ziemlich voll. Er weiß, wozu mich sein Wütendsein bringt, und dass ich nichts tun kann, bis wir irgendwo sind, wo es dunkel ist und wir uns hinlegen. Deshalb boxe ich ihm zweimal, nicht allzu fest, seitlich gegen den Kopf.

„Ich weiß, dass sich Rand umgebracht hat, okay?"

„ Es tut mir leid", sagt er, immer noch schreiend, nur nicht mehr so laut.

„Und ich weiß, dass du ihn nicht davon abgehalten hast."

„Es tut mir leid", schreit er abermals. Ich musste ihn erst schlagen.

„Ist alles cool. Warte nur, verdammt nochmal." Aber ich schätze, ich habe das gebrüllt, also ist es das nicht.

Wir waren schon eine Weile unterwegs und haben begonnen, den Berg hinaufzufahren. Vor einigen Minuten habe ich den Zip seiner Hose geöffnet und habe meine Hand darin. Es hat ihm gefallen, oder einem Teil von ihm, aber jetzt geschieht es ohne ihn. Ich spüre nichts. Ich vergewissere mich nur, dass es immer so war.

„Ich muss mich übergeben", sagt er und bewegt sich auf unklare Weise. Das hat er zuvor nicht getan.

„Das will ich nicht."

Er legt seine rechte Hand langsam an die Kurbel, mit der man sein Fenster herunterlässt. Das ist alles. Dann setzt er sich aufrecht hin, vielleicht um sich besser zu konzentrieren. Das Coke ist bereits umgefallen und auf dem Boden verschüttet.

„Jim." Meine Hand war vermutlich zu tief in seiner Hose, weil ich sie nicht herausziehen kann und wir so nahe am Rand einer Klippe fahren, dass ich ihn nicht schlagen kann.

Er dreht einmal an der Kurbel, dann schließt er seine Augen. Sie waren bereits geschlossen, wenn man nicht genau hingesehen hat.

„Lehn dich zurück."

Er hängt einfach nur da, tot, oder so gut wie. Ich bin nur am Zerren und versuche zu steuern, und habe vermutlich Angst zu sterben.

„Bitte, Jim."

Wir haben es bis zu einer Abzweigung geschafft. Dann habe ich ihm mehrere Male mit dem Ellbogen gegen den Magen gestoßen, bis er sich aufgesetzt hat, und meine Hand befreit. Wir parken im Leerlauf. Ich schätze, irgendein unbewusster, animalischerer Teil in ihm hat die Tür geöffnet. Aber er wusste nicht, wie er hinauskommt. Schließlich habe ich ihn gestoßen. Seine Hand hat sich unter dem Griff verfangen, weshalb der Großteil seines Körpers noch im Wagen ist. Ein Bein ist am Knie abgewinkelt und ich warte darauf, ob es Jims Signal verliert und nachgibt.

***

Ich habe das Auto nicht gehört, bis es gehupt hat. Irgendwann gab Jims Bein nach, aber das glaubte ich nicht. Also habe ich ihn an den Beinen hereingezogen und die Kotze gerochen. Ich habe geweint und war verwirrt, und hatte eine Minute lang einen Finger in seiner Kehle. Sie hat mich einige Male geschnappt, aber das könnte ein Reflex gewesen sein. Jetzt ist es mir entweder egal, oder ich begreife, dass ich nichts tun kann.

„Larry?", sagt Jude. Ich sitze jetzt einfach nur hier. Jim ist entweder tot oder sitzt einfach nur dort, ohne sich zu kümmern, ob er stirbt, wie ich. Ich kann nicht mehr hinschauen. Ich schätze, sie hat ihn gesehen und versteht, und kann sich nicht klar darüber werden, was sie deswegen zu mir sagen soll.

„Ja."

„Ich muss gehen", sagt sie.

„Okay."

„Pete ist bei der Hütte und dreht durch. Ich muss gehen", sagt sie.

„Okay."

„Geht es ihm gut?", sagt sie.

„Wem?"

„Du verdammter Idiot", sagt sie. Dann sehe ich, wie sie um den Wagen herumgeht zu Jims Seite. Ich weiß, dass seine Tür noch immer weit offen steht. Ich glaube, sie berührt sein Gesicht und sieht es sich genau an. „Wer ist das?"

„Was meinst du?"

„Im Grunde willst du das nicht wissen", sagt sie.

„Das ist Jim." Dann schaue ich hinüber, nur für den Fall. Er ist nur unglaublich weiß.

„Herrgott, was ist mit ihm passiert?", sagt sie.

„Er war deprimiert."

„Hey", sagt sie. Sie hält seinen Kopf in ihren Händen und schüttelt ihn. „Hey, hey."

„Lass ihn einfach sterben, Jude. Ich hab es so satt."

Jude rüttelte Jim so weit lebendig, dass er mit ihrer Hilfe gehen und sich auf die Erde setzen konnte. Sie redet mit ihm. Er nickt oder schüttelt nur seinen Kopf und hält immer noch das Notizbuch. Ich schätze, er hat es sich vom Sitz geschnappt. Hinter ihnen sind ein paar Bäume, und ein Weg, welchen man nicht sehen würde, wenn man nicht eingeparkt hat, der irgendwohin in die Berge führt. Wenn man eine Weile wandert, kommt man vielleicht zu einer Hütte, von der niemand mehr weiß, dass es sie gibt.

„Schau ihn an", sagt sie. Sie ließ Jim alleine sitzen und ging um das Auto herum zu meiner Seite. Ich schaute sein verwirrtes, zuckendes Gesicht an, bis ich nicht mehr konnte.

„Was hat er gesagt?"

„Er hat gesagt, ihm wurde vom Fahren übel, und es tut ihm leid", sagt sie.

„Das ist Bullshit. Ich habe ihm Pillen gegeben."

„Das ist mir ehrlich gesagt egal", sagt sie.

„Ich will einfach nur, dass er stirbt."

„Du bist so geistesgestört", sagt sie. Dann steht sie auf, und ich kann ihr Gesicht nicht sehen. „Willst du mitfahren?", sagt sie laut.

„Nein." Dann sehe ich Jim an, der vermutlich immer noch

mich ansah. Ich forme sogar die Worte mit dem Mund, von denen ich weiß, dass er sie sich wünscht und warte dann eine Sekunde. „Willst du nicht."

Ich stehe über Jim. Jude ist auch hier. Ich bin derjenige mit dem schmerzenden, schwachen Bein, der nicht besonders gut gehen kann. Wir sind weit genug voneinander entfernt, sodass er sich zwischen uns beiden entscheiden wird müssen. Wenn das Notizbuch die Wahrheit ist, werde immer ich es sein, sogar wenn ich wütend bin. Daher ist es aus vielerlei Gründen wichtig. Dann wird sie gehen. Dann werde ich Jim helfen, oder er mir, diesen Weg hinaufzugehen, wenn wir können, und ihn vielleicht, so fest ich kann, auf den Hinterkopf schlagen, damit ich nicht mehr sagen kann, wer er ist.

„Ich will, dass du ihr die Wahrheit sagst. Dann kannst du, von mir aus, mit ihr gehen."

„Okay", sagt er, nachdem er eine Sekunde lang gestarrt hat.

„Stell dir einfach vor, dass ich Dr. Thorne bin oder so, und sie nicht hier ist."

„Nein", sagt er.

„Was soll ich dann tun? Was soll ich, deiner Meinung nach, tun, wenn ich alles tun würde, was du willst?"

„Kann ich dich auch fragen?", sagt er.

„Das ist nicht fair." Dann sehe ich Jude an. „Siehst du?"

„Warum ist das nicht fair?", sagt sie zu mir.

„Ich hasse das", sagt er, dann schaut er sie an. „Woher soll ich das wissen?"

„Ich will nur wissen, was er von mir will."

„Ich weiß es nicht", sagt er.

„Er weiß es nicht", sagt sie.

„Du hast deinem Freund Bill erzählt, was du von mir willst."

„Warum muss ich es dann noch einmal sagen", sagt er.

„Für sie."

„Mir ist es egal", sagt sie.

„Deshalb bist du böse, Jim."

„Okay, was hat er diesem Bill erzählt?", sagt sie zu mir. Dann sieht sie Jim an. „Was hast du gesagt?"

„Sag es ihr."

„Ich weiß nicht", sagt er. „Mir geht's wirklich nicht gut."

„Er hat seinem Freund Bill erzählt, dass er in mich verliebt ist."

„Das habe ich nicht gesagt", sagt er, und sieht dann Jude an. „Bill hat nur gedacht, dass jeder wie er wäre. Er war verrückt."

Das kostet mich eine Sekunde. „Sag mir einfach, was du willst."

„Ich möchte eine Weile schlafen", sagt er.

„Was noch?"

„Das ist alles", sagt er.

„Aber das hat nichts mit mir zu tun."

„Herrgott, Larry", sagt Jude.

„Doch, hat es", sagt er und sieht sie an. „Ich will, dass mich Larry zumindest ein paar Stunden schlafen lässt."

„Das tust du ständig."

„Das ist wirklich, was ich will", sagt er zu ihr.

„Dann lass uns gehen", sagt sie zu ihm.

„Nein."

Jim streckt einen Arm aus, damit entweder Jude oder ich ihn aufziehen können. Wir haben beide beinahe zu exakt demselben Zeitpunkt danach geschnappt.

„Okay, aber dann wirst du ihr die Wahrheit erzählen."

Er ist auf den Beinen, und mit ihrer Hilfe am Gehen. Also habe ich vermutlich ausgelassen.

„Gott, meinetwegen", sagt Jude. „Du Freak."

Wenn man den Berg weit genug hinauffährt, gibt es fast so was wie eine kleine Stadt. Ich glaube, sie soll schweizerisch aussehen. Man müsste schon ein Kind sein, oder sehr betrunken, um zu glauben, dass es überhaupt eine Stadt ist und nicht nur ein Haufen von Restaurants und Motels. Ich schätze, Schnee würde helfen. Als ich das letzte Mal hier war, war es dunkel und erleuchtet. Die Gebäude sahen weniger nach einer Stadt aus, sondern mehr wie die Sterne. Ich war nicht ich selbst, und ich wusste, wo ich abbiegen muss. Aber heute gibt es zehn Mal mehr Straßen, und alles sieht so unwirklich aus, und ich bin um so vieles realistischer als damals.

„Was hast du gesagt?", sagt Pete. Wir haben raus, wer wir sind, aber wir sind auf unterschiedliche Weise zu sehr von der Rolle, um es zu begreifen.

„Ich sagte, red einfach weiter, bis Jude kommt."

„Was?", sagt er.

„Vergiss es. Du drehst also durch."

„Mann, wir sollten reden", sagt er. „Ich will mit dir echt über was Beschissenes reden."

„Na los."

„Dreh nicht durch", sagt er. Dann passiert an seinem Ende nichts. Er hat vielleicht gerade das Telefon mit der Hand abgedeckt. „Was?"

„Ich hab nichts gesagt."

„Diese scheiß Fotze", sagt er und lacht vielleicht. „Ich hasse diese verfickte Schlampe."

„Das ist ziemlich vage."

„Sie will nicht, dass ich es dir sage", sagt er. Dann passiert an seinem Ende wieder nichts.

„Hallo?"

„Fick dich, Schlampe", sagt er laut. „Ist mir egal." Daher nehme ich an, dass sie und Jim gerade angekommen sind, oder schon dort waren, abgeschirmt von Petes Hand.

„Hol mir Jude ran."

„Es ist Larry", sagt er und lacht. Vielleicht lachen sie ja alle zusammen, oder sein Lachen ist so gigantisch, dass es in der ganzen Hütte nachhallt.

„Ich verstehe nicht."

Das Herumfahren hat mich fast eine Stunde gekostet. Ich sah ständig Pete betrunken vor mir, der immer noch weiter aus einer Flasche trank. Manchmal waren Jude und Jim, zum Teil nackt und totgeschossen, neben ihm. Dann wieder hatte Pete sie schon vergewaltigt, bevor ich ankam, also erschoss ich ihn und manchmal auch Jude. Dann würde ich Jim vor ihnen retten, und vermutlich vor dem verrückteren Teil meiner selbst. Manchmal wusste ich, dass sie was getan hatten, bevor ich ankam, also erschoss ich mich. Aber ich konnte keine der Vorstellungen realer erscheinen lassen, nur erregend oder nicht. Kurz bevor ich vor der Hütte hielt und parkte, blieb ich lange bei der hängen, wo ich einen nach dem andern auf dem Boden vergewaltigte, während ich dabei Dinge schrie und ihn oder sie erschoss. Wegen dieser zog ich die Pistole unter dem Sitz hervor und begann so sehr zu weinen, dass ich nicht aus dem Auto kam. Ich kurbelte nur das Fenster herunter, damit sie es hören und herauskommen konnten, falls sie mich fragen wollten, was los sei. Ich glaube, diese Fantasie ist die Wahrheit, weshalb sie nicht eintreten wird und niemand jemals herauskommt.

Ich hörte etwas in der Küche. Ich hatte die Pistole gezogen. Ich brauchte eine Weile, um Jude auf dem Boden zu bemerken.

Dieser hölzerne Tisch nimmt den Großteil des Raums ein, daher sind es nur ihre Beine. Das ist mir egal. Mir lag nur was an Pete, bevor er zum Säufer wurde. Ich kannte ihn damals nicht einmal. Das war, als mir was an Rand lag, und Rand auf Drogen nicht irritierend war.

„Was ist mit dir passiert?"

Pete trinkt aus einer Flasche und trägt kein Shirt. Als er meine Stimme hört, versetzt er allem einen Schlag mit der Hand, die die Flasche hält.

„Sag, warum bist du so gestört? Du warst mal so anders."

Ich glaube, er hat gerade die Pistole gesehen, und konnte dann nicht mehr, oder wollte nicht.

„Sag mir einfach, was dein verdammtes Problem ist, okay?"

„Halt's Maul", sagt er.

„Wenn nicht, töte ich dich. Ich glaube, ich werd's wirklich tun."

Er folgt meinen Augen. Ich habe auf seine Brust geschaut. Er braucht eine Weile, um es zu sehen, oder vielleicht, um darüber nachzudenken, wie es wohl in meinem Kopf aussehen würde. Dann sieht er mich an und lacht, als ob er nicht glauben könnte, dass es seine Brust ist. Ich schätze, er weiß nicht, dass ich mich fragte, ob ich sie erschießen könnte.

„Okay, okay", sagt er. Er nimmt noch einen Schluck.

Ich schätze, er weint oder lacht. Zuerst habe ich das nicht begriffen. Das zweite Mal hatte er mir seinen Rücken zugewandt. Also sind es vielleicht Schuldgefühle wegen Jude. Aber es ist mir mittlerweile egal, ob sie gefickt haben, oder ob sie tot ist, oder vielleicht noch nicht.

„Ich weiß. Du bringst einen so durcheinander. Es macht mich verrückt."

Als ich die Pistole an Petes Nacken hielt, hörte er auf zu weinen und fing an zu gehen. Ich habe ihm nicht gesagt, dass er sich bewegen soll. Aber ich schätze, er dachte einfach, dass man das macht, wenn man eine Pistole im Nacken hat. Aber er wirkte deswegen richtig zornig. Das verwirrte mich eine Sekunde lang. Da kamen wir beide vor der Tür zum einzigen Schlafzimmer der Hütte zum Stehen. Dann fing vermutlich der schwule Teil in ihm an, über jenen Teil, der es nicht ist, zu fluchen.

„Larry", sagt er schließlich.

„Ich denke nach." Ich schaue auf die Pistole, dann stecke ich sie in meine Tasche.

„Sei nicht wütend", sagt er. „Ich bin nur besoffen."

„Ist mir egal."

„Dreh nur nicht durch", sagt er und hält mir die Flasche hin. „Denk an die Sache mit deinem Bruder."

„Ja, wo ist er?" Ich nehme die Flasche.

„Willst du immer noch?", sagt er. „Weil, ich schon, wenn wir es gleich machen." Dann schlägt er zornig oder aufgeregt die Tür mit seiner Faust. Sie war nicht eingeschnappt und öffnet sich. Drinnen ist es dunkel, und ich kann hören, wie Jim aufwacht. Ich kenne dieses keuchende Geräusch.

„Warte." Dann nehme ich einen riesigen, riesigen Schluck.

Ich stelle mir vor, Jim ist ein Mädchen. Er redete einfach, und konzentrierte sich wieder zu sehr. Es könnten die Worte gewesen sein, mehr als seine Stimme. Ich weiß, ich habe sie zuerst gesagt. Dann beendete ich, was ich tat, und legte mich zurück, um Jim zuzusehen, wie er schwule Sachen an sich machte.

„Halt mich", sagt Jim. Nach einer weiteren Minute.

„Okay." Ich dachte, ich würde ihn bereits halten, aber ich schätze, es war mehr so, dass er sich an mir festhielt, während er zusah, wie Pete sich einen runterholte.

„Fick ihn", sagt Pete. „Fick die kleine Schlampe." Er hat viel solch blödes Zeug gesagt und Jim dazu gebracht, dass er lacht und ihn berührt.

Ich halte Jim fester und streichle seinen Kopf, um zu sagen, wie leid es mir tut, dass er im Innersten so daneben und deprimiert ist. Mehr habe ich nicht getan. Alles andere hat er sich selbst angetan.

„Sei nicht schüchtern", sagt Pete, dann lacht er und drückt Jim gegen mich.

„Hey, Mann."

„Ist schon okay", sagt Jim.

„Nein, ist es nicht."

„Komm schon, Larry", sagt Pete und schnappt vermutlich meine Hand. Es fühlt sich an wie er. Ich tätschele Jims Rücken.

„Was?" Ich hatte meine Augen geschlossen. Als ich sie öffne, kapiere ich, was er will, und dass ich Jims Arsch berühre. Also schließe ich sie wieder. „Nein."

„Bullshit", sagt Pete und hält meine Hände dort.

„Ist schon okay", sagt Jim. Dann spüre ich, wie seine Hand nach dem, was von meiner Hand noch frei ist, greift und sie auch dorthin hält.

„Scheiße, nein." Das habe ich geschrien, mit einem Ruck.

„Machst du's nicht?", sagt Jim. Er klingt jetzt so allein. Ich erinnere mich. Er versucht, mir beim Kommen zu helfen. Ich weiß, dass es seine Hand ist, wegen der Größe, und weil es jedem sonst egal wäre.

„Tut mir leid." Vielleicht hätte es geholfen oder mich wütend genug gemacht, wenn auch Jude hier wäre.

„Ist schon okay", sagt Jim und versucht es immer noch.

„Nein, ist es nicht." Es ist jetzt so lange her, und seither ist so vieles geschehen, dass er vermutlich vergessen hat, wie ich war.

„Pete, was tu ich?"

„Keine Ahnung, verdammt nochmal", sagt er. Er ist vor einer Weile schon gekommen und sitzt vermutlich einfach nur da und schaut uns zu. „Gott, ihr zwei Typen macht mich krank." Dann höre ich, wie er aufsteht.

„Geh nicht", sagt Jim und sieht vermutlich Pete an.

„Hau ab, Pete." Dann umarme ich Jim, damit er nur mich sehen kann.

„Scheiße", sagt Jim. Ich spüre, wie er aufgibt und Wut aufsteigt. Bei mir, meine ich. Aber nicht genug Wut, um ihm etwas Gemeines anzutun oder zu weinen. Jetzt ist er auf sich allein gestellt. Ich schätze, ich bin immer noch dort in seinem Kopf und vollkommen. Vielleicht war es das, was ich geliebt habe.

Ich bin gerade aus dem Schlafzimmer gegangen und habe wieder Pete gesehen. Dann wollte ich wirklich ganz genau hinschauen und habe meine Pistole herausgezogen. Ich schätze, er ließ sich noch mehr volllaufen und verlor das Bewusstsein, während er sich anzog. Seine Hosen schafften es nur bis zu den Knien. Es ist eine Minute vergangen. Wo ich die Pistole absetzte und beinahe geschossen hätte, sind Zähne in seinem Gesicht. Ich habe die Probe gemacht und sie wie einen Hammer verwendet, aber dieser Zahn ist unter seinem Haar verborgen. Ich habe im Kamin nachgesehen, bevor ich das getan habe. Ich versuchte, mich an den Jungen zu erinnern, aber es ist nichts mehr da. Ich hatte so viele Gründe, um Pete zu schlagen oder zu erschießen, bis ich das Notizbuch gesehen habe. Ich schätze, Jim oder Pete hat es verbrannt, bevor ich ankam, und dort ist ein Rückstand.

Aber es gab immer noch ein paar hervorragende Gründe, bis ich etwas in der Küche hörte. Dann war ich nicht mehr sicher, dass es noch genügend gab.

Jude steht über der Spüle, mit einem gebündelten, nassen Handtuch, das sie ganz fest gegen ihren Hinterkopf drückt. Ich glaube, es war weiß.

„Schaff diesen Arsch hier raus", sagt sie.

„Soll ich ihn erschießen?"

„Mir egal", sagt sie. „Ihr seid alle völlig krank."

„Er hat Jim vergewaltigt. Also sollte ich ihn erschießen, oder?"

Sie hebt das Handtuch von ihrem Kopf und schaut. Da ist nicht einmal ein Schatten. Deshalb schätze ich mal, dass er fürs Erste tipptopp war und sie simulierte. „Dein Bruder hat mich auf den Kopf geschlagen, verstehst du", sagt sie.

„Bullshit."

„Fickt euch doch alle", sagt sie.

„Hauptsache dir geht's gut."

Jim saß mit überkreuzten Beinen auf dem Bett. Ich schätze, er wurde trübselig, bevor er mich gesehen hat, und ich war keine Hilfe. Wenn er so deprimiert dreinschaut, kann man ihn wie einen Blinden herumführen, wenn man vorsichtig ist.

„Du hast sie geschlagen." Ich habe ihn an den Armen. Wir sind jetzt in der Küche.

„Nicht absichtlich", sagt er.

„Warum?"

„Ich habe versucht, Pete zu schlagen", sagt er.

Jetzt versuchen Judes Augen, sich zu erinnern und daraus schlau zu werden. „Nein, hat er nicht", sagt sie danach.

„Sag einfach, verdammt nochmal, die Wahrheit, Jim."

„Er wollte sie zusammenschlagen", sagt er.

„Das ist nicht wahr", sagt Jude zu ihm, dann schaut sie zornig mich an. „Er hat sich Pete gegenüber ganz tuntig benommen. Es war krank."

„Nein, hab ich nicht", sagt Jim.

Früher erfuhr ich alles aus Jims Augen. Ich war seit einem Jahr nicht in der Lage, tief hineinzusehen. Ich träumte davon, es wieder zu tun. Wenn er deprimiert war, waren sie der Grund, warum ich ihn nicht durchwegs liebte. Deshalb sind sie einfach unglaublich wichtig.

„Sieh mich an." Hat er nicht und wird er nicht.

Stattdessen sieht er Jude an. Ich weiß nicht warum, aber das ist zu viel. „Du liebst mich nicht." Dann schlage ich ihn, so fest ich kann, ins Gesicht.

Ich habe meine Augen geschlossen. Jims Beckenknochen stechen mir in den Arsch. Ich schätze, ich habe ihn zu Boden geschlagen und mich auf seinen Bauch gesetzt. Wir sind beide überall sehr dünn und haben spektakulär große Hüften. Meine haben den Mädchen immer wehgetan, und jetzt weiß ich, was sie gespürt haben. Nur dass die von Jim sich nicht bewegen. Es ist eine Weile her, seit ich ihm diesen festen Faustschlag verpasst habe, daher bezweifle ich, dass ich irgendetwas über mich in seinen Augen hätte sehen können, wenn ich nachgeschaut hätte.

„Pete." Das war ein lauter Schrei.

Ich höre, wie jemand die geschlossene Tür berührt oder sich dagegen lehnt, sie aber nicht aufstößt.

„Jude?"

Er oder sie öffnet die Tür und kommt näher an mich heran. Dann knacksen irgendjemandes Knie. Also ist es wahrscheinlich sie. Ich bin mir sicher, er würde nur völlig betrunken dastehen.

„Glaubst du, er wird mich trotzdem hören?"

„Er ist nicht tot, Larry", sagt sie, vermutlich zornig. Dazu hat sie eine Sekunde gebraucht. Also hätte sie sich leicht eine Lüge ausdenken können. Dann erhebt sie ihre Stimme. „Pete."

Ich höre wieder die Tür aufgehen und rieche Pete.

„Was zur Hölle?", sagt er und macht sich, glaube ich, dem Geräusch der Tür zufolge, daran zu gehen.

„Sag es ihm, verdammt nochmal", sagt sie.

„Was soll ich sagen?" Ich meine, zu Jim.

„Scheiße, was weiß ich. Dass es dir leid tut?", sagt sie und erhebt ihre Stimme. „Sag's ihm, Pete. Meine Güte, du Arschloch."

Dann denke und denke ich nach. „Das ist nicht genug."

Ich bin mit Pete im Wohnzimmer der Hütte. Er hat kein Bier mehr und liegt auf dem Rücken auf der Couch, völlig aufgebracht darüber. Zuerst bin ich von Jim runtergestiegen. Dann hat Jude ihm geholfen aufzustehen. Ich weiß, dass ich ihn fester geschlagen habe als den Jungen, aber er kann immer noch mit ihr reden. Deshalb bin ich hierher herausgekommen und habe Pete gefragt, was er mir all die Male sagen wollte, wenn nicht, dass er mich liebte. Das hat sich abgespielt. Er sagt immer noch, dass er es nicht tut. Ich höre jetzt einfach nicht hin, weil er zu etwas Schwulem übergegangen ist, das die Sache zwischen Gilman und dem Jungen erklärt. Es ist mir zu diesem Zeitpunkt egal. Als ich von dem Jungen runtergestiegen bin und in den Wald ging, war er noch nicht tot. Darum geht es. Also hat ihn Pete erwürgt. Der Junge hat Jude sogar angefleht, Pete aufzuhalten, aber ich schätze, sie hat Pete geliebt und wollte nicht. Also habe ich die Wahrheit gesagt und die Wirklichkeit war die Lüge.

Oder es fühlt sich jetzt so an. Vielleicht werde ich, wenn ich tot bin, einen Sinn ergeben. Oder ich werde jeden zerstören, der lebt und mich so liebt wie Rand.

Ich bin draußen im Wald, mit einer Schaufel und einem gigantischen Müllsack, den ich unter der Spüle gefunden habe. Es regnete, und der nasse Boden ist schwer zu meistern. Ich höre nicht einmal, dass jemand durch den Wald geht und dann dasteht und eine Weile zusieht, wie ich grabe. Dazu braucht es seinen kratzigen Husten. Das ist meine Schuld.

Ich höre auf zu graben und schaue in das Loch. Es wäre nicht er, wenn die schwarze, verrenkte Gestalt nicht schwarze Teile seiner Schuhe anhätte.

„Also doch."

Ich schätze, Jim weiß nicht, was er sagen soll.

„Was willst du?" Dann beginne ich wieder, um ihn herum zu graben, obwohl das Loch im Grunde ein Loch ist. Es ist Zeit, die Schaufel umzudrehen und sie wie eine Axt an ihm zu gebrauchen.

„Ich kann es nicht glauben", sagt Jim.

„Ich auch nicht." Dann schlage ich so fest ich kann auf seine Knie. Sie benötigen drei Schwünge, um zu brechen und nicht nur von einer Seite zur andern zu rucken.

„Ich werde nichts sagen", sagt Jim.

„Danke. Ich auch nicht." Ich zerhacke einfach den ganzen Körper. Es macht mir nichts aus.

Jim half mir, den schweren Sack in den Kofferraum zu heben. Danach fühlte er sich so schwach, dass ich ihm beim Gehen half. Wir sind gerade abgefahren. Ich suche den Straßenrand nach diesem Weg ab. Ich glaube, wir sind schon daran vorbeigefahren. Der Teil von mir, der drei Tage lang nicht geschlafen hat, hat wirklich viel an Bedeutung gewonnen. Gleich als wir wegfuhren, hat Jim das Autoradio auf seinen Sender eingestellt. Seinem Gesicht nach würde man meinen, dass es die Nachrichten über einen schrecklichen Tag waren. Ich schätze, das kommt von dem Text der Songs, und was ich getan habe. Sie handeln alle vom Verliebtsein, gleich wer sie singt oder was für Musik kaum drum herum spielt. Ich weiß nicht, wovon sonst noch.

„Es spielt keine Rolle." Das ist mein Liedtext. Ich schätze, diese Songs oder was ich weiß, haben mich traurig gemacht über alles, was ich niemals wissen werde. Deshalb ist das meine Musik.

„Ich weiß", sagt er.

„Ich schätze, wir sind quitt."

„Da", sagt er.

„Was, da?" Ich schaue, wohin er schaut. Es ist eine Klippe. Wenn jemand anderer als er bei mir wäre, würde ich drüberfahren. Ich bin müde genug. Oder ich würde ihn oder sie zuerst auffordern auszusteigen. Ich weiß, dass er nicht das meint. Er versucht nur zu helfen.

„Ja, das wird gehen."

5.

Ich war an Jims Gesicht gewöhnt, und betäubt von den Stunden in seiner Gegenwart. Ich schätze, er ist auf der Fahrt hässlicher geworden, und Mom macht sich Sorgen. Ich sehe auch daneben aus. Dad scheint von meiner Mom verwirrt zu sein, oder sieht Jim auf eine Weise, die ich nicht verstehe. Sie steht betrunken auf, Dad aber kann nicht. Vielleicht versucht er es.

„Wo seid ihr gewesen?", sagt sie da stehend. Nur sie und ein Drink.

„Wandern."

Jim schaut sie durch seine Finger hindurch an. Sein Shirt ist auch zerrissen und schmutzig.

„Jimmy?", sagt sie.

„Er hat sich verletzt. Er ist gefallen."

Jim weint plötzlich so sehr, dass er nicht besonders gut stehen kann. Wir sehen ihm alle bloß zu, wie er hin und her schwankt und er sie ansieht.

„Ruf die Polizei." Ich habe ihm gerade in die Schulter geboxt und dann realisiert, was ich getan habe oder tun könnte.

„Nein, nicht", sagt Jim und sieht mich an.

Ich schätze, mein Dad weiß immer noch ein wenig Bescheid über die Polizei, weil er sich furchterregend in seinem Stuhl hin und her bewegt.

„Ruf, verdammt nochmal, die Polizei."

„Bitte nicht, bitte", sagt Jim.

„Jimmy?", sagt meine Mom.

Ich schnappe Jim an den Schultern und bringe ihn und mich zur Couch. Er stolpert einige Male, aber ich fühle mich seltsam stark. Ich setzte uns hin. Auch meine Mom setzte sich hin. Das habe ich nicht gesehen. Sie sieht das Gesicht meines Dads an. Es steckt nur noch eine Spur von ihm in dem, was hauptsächlich ein Schädelgehäuse ist. Ich will ihm die Wahrheit sagen, aber es wird nicht verstehen. Ich denke, das passiert gerade. Deshalb sehe ich es an und konzentriere mich.

„Ich habe seinen Freund Bill getötet, okay?"

Das kostet jeden eine Sekunde. „Schätzchen", sagt meine Mom. „Du hast Rand nicht getötet."

„Ich weiß."

„Du glaubst nur, dass du es getan hast", sagt sie.

„Nein, ich habe seinen Freund Bill getötet. Ich habe ihn getötet, okay? Ich habe ihn, verdammt nochmal, getötet."

Meine Mom sieht Jim besoffen an, aber ich kann meine Augen nicht von meinem Dad lassen, weil ich sie oder mich töten werde. Ich vermisse ihn einfach so sehr, und Rand. Es ist krank.

„Dad, ich bin total verrückt."

„Dein Dad versteht nicht", sagt meine Mom.

„Es war ein Unfall", sagt Jim.

„Es war so was von kein Unfall."

„Doch, war es", sagt Jim. „Jude hat's mir erzählt."

„Jude?", sagt meine Mom.

„Larry war wütend auf Bill und hat begonnen, ihn zu schlagen", sagt Jim. „Dann hat Larrys anderer Freund Bill getötet."

Auf dem Couchtisch sind Magazine, und all ihre Trinkgläser von heute. Ich trete ihn, und alles schlittert entweder hinunter oder rollt wild hin und her. Dann schnappe ich den Tisch an der Kante und stehe auf. Ich schleudere ihn gegen die Wand. So weit kommt er nicht und fällt auf die Seite. Ich habe die Augen meines Dads verloren, als ich ihn schleuderte.

„Ruf die Polizei."

„Setz dich hin", sagt meine Mom.

„Nein, hör zu." Das habe ich geschrien. „Dad, Scheiße, komm schon."

Jim schnappt mein Bein von hinten und reibt daran. Daher schließe ich meine Augen und versuche fest darüber nachzudenken, was das heißen könnte. Dann realisiere ich, dass er nur an meiner Hose zerrt, damit ich mich hinsetze.

„Bitte, ruf die Polizei."

„Wir werden nicht die Polizei rufen", sagt meine Mom. „Ich rufe Dr. Thorne an."

„Setz dich, Larry", sagt mein Dad. Das kam seiner alten, zornigen Stimme wirklich sehr nahe. Also sind wir vermutlich alle sehr bestürzt.

Ich setzte mich. Ich bekam es in jenem Moment nicht mit. Ich kann nicht denken, aber ich bekomme mit, dass Jim über meinen Rücken streicht. Das muss etwas zu bedeuten haben. „Okay." Dann beginne ich, auch über seinen zu streichen.

Mom ist am Telefon. Mein Dad sieht aus, als hätte er vergessen, dass etwas nicht stimmt. Er hat sich in seinem Stuhl leicht auf die andere Seite gedreht, damit er vermutlich das, was gerade im Fernsehen läuft, sehen kann. Es ist zu nichtssagend, um darüber nachzudenken. Jim hat seine Arme um mich gelegt und sieht auch fern. Irgendeine Frau singt.

„Einen Moment", sagt meine Mom und gibt mir das Telefon. Deshalb sieht Jim mich an und irgendetwas geht in seinem Arm vor.

„Ja."

„Erzähl mir, was los ist", sagt Dr. Thornes Stimme. Sie ist auch nichtssagend.

„Ich habe jemanden getötet."

„Was soll das heißen?", sagt seine Stimme.

„Ich habe einen von Jims Freunden zu Tode geprügelt."

„Bist du sicher?", sagt seine Stimme.

„Nein."

„Okay", sagt seine Stimme. Dann entscheidet er, was er fragen soll. Deshalb schaue ich zu meiner Mom. Es fühlte sich wichtig an. Ich weiß nicht, was ich dort zu sehen dachte, oder welchen Unterschied es machen würde, wenn es den Anschein hätte, als liebte sie mich. Aber das tat sie nicht, sonst wüsste ich es.

„Ich will, dass sie die Polizei rufen."

„Warum reden wir nicht vorher noch etwas darüber", sagt seine Stimme.

„Worüber?"

„Ich bin mir nicht sicher, ob du weißt, was du getan hast und was nicht", sagt seine Stimme.

„Im Moment weiß ich es. Ich kann es nicht erklären."

„Woher weißt du das?", sagt seine Stimme. „Du gibst dir für Dinge die Schuld, die du nicht getan hast, und leugnest die Verantwortung für die Dinge, die du getan hast."

„Nicht in diesem Moment."

Er sagt nichts, aber ich weiß, was er denkt. Es ist die übliche tiefe, unfreundliche Stille, die er immer bei mir benutzt.

„Ich weiß, was ich Jim angetan habe."

„Lass mich mit ihm reden", sagt Jim sofort. Sein Arm ist auch verschwunden, oder ich kann ihn nicht spüren.

„Was hast du getan?", sagt seine Stimme.

Das kostet mich eine Sekunde. „Meine Mom sitzt hier."

„Lass mich mit ihm reden", sagt Jim lauter.

„In Ordnung", sagt seine Stimme. „Lass mich mit Jim reden."

„Nein."

„Larry", sagt Jim. „Komm schon."

„Komm schon, was?"

„Larry", sagt seine Stimme.

„Was?"

„Hör mir zu", sagt seine Stimme. „Hör einfach zu. Dein Bruder ist sehr, sehr labil. Er hat eine sehr schwere seelische Krankheit. Verstehst du?"

„Ich auch."

„Hol ihn, bitte, ans Telefon", sagt seine Stimme. „Dann reden wir."

„Scheiße." Ich gebe Jim das Telefon. Ich weiß nicht, warum ich jemals gedacht habe, dass ich genauso schwer gestört sein könnte wie Jim.

***

Ich ging aus dem Zimmer. Ich lehnte mich an das Geländer, das an der Seite der Treppe hinaufführt und versuchte zu denken. Jim redet immer noch mit Dr. Thorne und manchmal mit meiner Mom, oder sie mit ihm. Jeder, den ich hören kann, klingt so entspannt ohne mich, oder deprimiert darüber, wer ich zur Zeit bin, oder war, oder nie gewesen bin. Meinen Dad kümmert es vielleicht nicht. Es ergibt einfach keinen Sinn. Ich schätze, deshalb fing ich an, so stark zu zittern, dass ich das Geländer wieder und wieder schlagen muss, um zu denken. Bisher hat es nicht geholfen, und entweder kann das dumpfe Geräusch, das das macht, niemand hören, oder es kümmert keinen, warum ich es mache.

Ich habe gerade meine Mom und meinen Dad erschossen. Sie habe ich von der Tür aus erledigt, dann bin ich hinübergegangen zu ihm. Vielleicht habe ich sie auf dem Weg dorthin nochmals erschossen. Er hat ferngesehen. Bei ihr weiß ich es nicht. Jim sitzt sehr still auf der Couch und hält das Telefon an sein Ohr. Er war kein Thema, bis sie erschossen waren. Dann habe ich auf ihn gezielt. Er sah meine Mom an, nicht mich. Deshalb wollte ich schießen, tat es aber nicht. Dann ist, schätze ich, nichts geschehen, bis ich realisierte, was geschehen war und meine Eltern ansah. Jim sieht Mom immer noch an. Sie würde zurückschauen, wenn sie sehen könnte. Ich glaube, ich fordere ihn auf, damit aufzuhören, sie anzusehen, aber er macht es nicht. Dann, glaube ich, boxe ich ihn in die Schulter, um seine Augen loszuschlagen.

„Hallo." Jim ist mit dem Gesicht auf der Couch an seinem Nacken fixiert. Er kann sie nicht sehen. Ich stoße gerade auf das, was noch am Telefon ist. Es ist eine Minute vergangen, und ich erwarte nicht viel.

„Hallo", sagt Dr. Thornes Stimme. Sie ist immer noch akribisch nichtssagend.

„Ja."

„Larry", sagt seine Stimme. „Sag mir, was gerade geschehen ist."

„Das würden Sie nicht verstehen."

„Lass mich wieder mit Jim reden", sagt seine Stimme.

„Okay." Ich halte das Telefon an Jims Kopf und lockere den Griff auf seinen Nacken. Er versucht, etwas zu sagen, kann aber nicht. Deshalb lasse ich ihn ganz los. „Sag, was du willst."

„Hallo", sagt Jim. Das klang schlimm. Daher reibt er seinen Hals vermutlich sanft, um Abhilfe zu schaffen.

Irgendwann hatte ich meine Pistole wieder eingesteckt. Aber ich ziehe sie heraus und lasse sie an mir herabhängen.

Als Jim sie sieht, versteckt er fast sein ganzes Gesicht unter einem Polster in der Nähe seines Kopfes.

„Nein." Ich trete die Couch.

„Es ist okay", sagt Jim zu einem von uns beiden.

„Jim." Ich habe gerade die Pistole auf mich gerichtet. Es ist sehr schwer. Er kann es nicht sehen, also muss ich nochmals seinen Namen schreien.

Da ist er. „Es ist okay", sagt er zu Dr. Thorne. Daher schätze ich, denkt er, dass es das ist.

„Nein, ist es nicht."

„Was?", sagt Jim. Er hört auf, seinen Nacken zu reiben und streckt einen Arm aus. Daraus werde ich nicht schlau, bis er die Pistole möchte. Deshalb schleudere ich sie so fest ich kann quer durch das Zimmer. Sie trifft die Wand hinter meiner Mom.

„Oh, Gott."

„Okay", sagt Jim zu Dr. Thorne. „Wiedersehen." Er greift noch immer nach mir, sogar nachdem er aufgelegt hat.

„Was." Ich habe seine Hand angesehen und das einfach nur geschrien.

Ich konnte nicht denken, also hat es Jim getan. Ich bin hinter ihm die Treppe hinaufgehumpelt, oder muss es getan haben. Er half mir, mich auf mein Bett zu legen. Da ist nichts Schwules dabei. Wir liegen einfach nur angezogen da, Seite an Seite, wie zwei Freunde. Draußen ist es dunkler geworden, und das hatte jene Wirkung, die ich immer an meinem Zimmer geliebt habe. Nach einer Weile wollte ich wieder Jim sehen. Das hatte ich etwa eine Stunde lang nicht. Ich schätze, er hat einfach nur auf seinem Rücken vor sich hin geträumt, aber zu mir herübergeschaut. Dann dachten wir eine Weile nach, wahrscheinlich jeder über den anderen. Ich habe definitiv über ihn nachgedacht.

„Es tut mir leid, Jim." Ich wartete darauf, dass es dunkler wurde. Er ist jetzt kaum richtig da.

Das kostete ihn eine Sekunde. „Geht's dir gut?", sagt er.

„Ja."

„Das ist gut", sagt er.

„Ich weiß, was ich dir angetan habe, und es tut mir leid. Ich dachte, du wärst wie ich."

„Das ist schon in Ordnung", sagt er.

„Ich fühle mich richtig schlecht."

„Ich denke die ganze Zeit an Rand", sagt er. „Das ist es, was hart ist."

„Du hasst mich wahrscheinlich."

„Nein", sagt er, und dreht sich, glaube ich, auf seine Seite. Er muss abgewendet sein. Daher schätze ich, dass er es tut und nicht zugeben kann.

„Kann ich dich was fragen?" Ich wollte etwas anderes sagen.

„Was?", sagt er. Er sieht mich an. Ich kann es riechen. Vielleicht hat er sich nie weggedreht. Also ist es vielleicht nicht nur Hass. Dann denke ich plötzlich an meine Hände. Er ist so nah, und sie tun nichts Wichtiges auf meiner Brust.

„Nur über Rand."

„Er war ein merkwürdiger Typ", sagt er.

„Ich dachte, er hatte Sex mit dir."

„Ich wollte es", sagt Jim. „Aber er wollte nur Bilder machen."

„Das ist meine Schuld."

„Warst du denn in ihn verliebt?", sagt Jim.

„Nein, er hat mich nur verwirrt."

„Ich habe ihn irgendwie geliebt, aber er hat dich geliebt", sagt Jim. „Das war hart."

„Darüber will ich nicht nachdenken."

„Okay", sagt Jim. „Ich habe es einfach gehasst, dass er dich liebte."

„Ich liebe Jude wirklich."

„Sie scheint nett zu sein", sagt er.

„Gott, es tut mir so leid."

„Ich glaube, du warst vielleicht verrückt", sagt er.

„Ja, ich weiß nicht, warum."

„Ich weiß einfach nicht, was passieren wird", sagt er.

„Ich schätze, du wirst bei Tante Elaine leben."

„Nein, du weißt, was ich meine", sagt er.

Darauf brauche ich eine Sekunde. Ich brauche auch, um seine Hand auf meinem Arm zu spüren. Er lässt sie eine Sekunde lang ruhen, dann streicht er darüber. So waren wir immer, aber die Welt war okay und wartete noch auf uns. „Was soll denn passieren?"

„Ich weiß nicht", sagt er.

„Ich auch nicht."

Jim ist eingeschlafen, aber ich konnte nicht. Ich schätze, er hat darauf gewartet, dass ich eine Entscheidung treffe. Aber ich habe darauf gewartet, dass er eine trifft. Ein klitzekleines gelbes Licht zielt auf die trostloseste Stelle meines Schreibtisches. Es kommt von einer merkwürdigen, biegbaren Lampe, die ich gekauft habe. Ich schrieb eine Nachricht an Jim, dann konnte ich sie nicht zu Ende bringen. Ich weiß nicht, was mich dazu brachte, aufzuhören und stattdessen hinunterzugehen. Vielleicht, dass ich ihn da ohne mich liegen sah. Zuerst nahm ich ein paar Bettlaken aus dem Schrank auf dem Gang. Ich entfaltete eines und ging in das Wohnzimmer, wobei ich es an den Rändern vor mich hielt. Ich ließ es über meinen Dad fallen, dann richtete ich es, damit er verschwindet. Meine Mutter war schwieriger. Als ich mich hinkniete, um das Laken meines Dads zu richten, fing mein blödes Bein wieder an wehzutun. Ich habe sie verfehlt, musste es dann mit geschlossenen Augen wieder aufheben. Jetzt ist sie verschwunden. Das Wohnzimmer riecht, als ob eine Pistole losgegangen wäre, und die ganze Sache mit ihnen und meinem Bein hat mich noch müder gemacht. Ich setzte mich einfach nur hin und suchte das Telefon. Es war zwischen die Polster gerutscht, oder wurde dort von Jim versteckt. Mir fiel niemand ein, den ich anrufen hätte können, bis mir ein loser Papierfetzen in meiner Tasche einfiel.

„Hat's geklappt?" Ich habe nur gesagt, wer ich bin. Ich bin mir sicher, dass ich anders klinge. Die Franks waren noch nicht wach, aber er kommt langsam drauf, wer ich bin.

„Was, zum Teufel?", sagt er.

„Wir reden morgen Früh mit dir", sagt Mrs. Frank. Ich schätze, sie hat ihm das Telefon weggenommen, oder sich hinübergebeugt.

„Nein."

„Wie bitte?", sagt sie.

„Ich muss wirklich wissen, was er gesagt hat." Mir war nicht klar, dass es so war, bis sie mir gesagt hat, dass es nicht ginge.

„Wir rufen dich gleich in der Früh an", sagt sie.

„Ich muss es wissen."

„Schon okay, Wayne", sagt sie zu ihm. „Was für einen Computer hast du?"

„Weiß nicht. Einen Mac."

„Kannst du MP3s runterladen?", sagt sie.

„Das kriege ich raus."

„Du brauchst entweder Real Audio oder ...", sagt sie, oder beginnt.

„Was auch immer." Es ist zu kompliziert. Deshalb lege ich auf, um es abzublasen.

Man kann sich ganz leicht in Gilmans Garten schleichen, wenn man leise ist. Man muss sich nur durch ein paar Büsche quetschen. Das einzig Schwierige sind die Millionen toter Blätter, denen man aus dem Weg gehen muss. Seines ist das dritte Fenster. Es ist das schwärzeste. Daher ist es schwieriger, leise dagegen zu klopfen, als ich gedacht habe. Ich weiß, es ist nur Farbe.

„Es ist Larry."

Gilman murmelt ein Wort. Es war beinahe wie etwas, das ein Toter sagen könnte. Das heißt, ich verstehe nicht. Deshalb klopfe ich fester ans Glas. Dann hört man ein Unterwäsche-über-Haut-streifen-Geräusch und ein Knarren.

„Ich habe meine Eltern getötet."

Das Fenster öffnet sich einen Zentimeter. Sogar das kostete ihn eine Sekunde, in der er mich vermutlich ansah. „Was willst du?", sagt seine Stimme ruhig.

„Ich weiß nicht."

„Dieser scheiß Mong", sagt seine Stimme. Also hat er vermutlich nichts gehört, oder es war ihm völlig egal, falls doch.

„Ich habe meine Eltern getötet."

„Wart mal kurz", sagt seine Stimme. Dann passiert nichts. Die Schwärze da drinnen stellt sich auf mich ein. Nur dass es richtig dunkel ist, und er kein Shirt oder sonst viel anhat. Er ist ungeheuer dünn und weiß, und beinahe alles, was ihn für mich böse erscheinen ließ, war von seinen Wänden genommen oder heruntergerissen worden.

„Red doch mit mir."

„Verficktes Arschloch", sagt er.

„Was ist los?" Ich kann beinahe seine Augen sehen.

„Nichts", sagt er.

„Kann ich reinkommen?" Ich habe gerade meine Augen

abgeschirmt, dann mein Gesicht nahe ans Fenster gebracht. Alles ist so zerrissen.

„Nein", sagt er.

„Dann komm du heraus."

Da ist er zur Gänze. Er umarmt sich und trägt bloß Unterwäsche, wie ich gedacht habe. Sie ist immer noch ausgebeult von einer aufregenden Vorstellung, die er gehabt oder geträumt hat, und ich habe das nicht zunichte gemacht. Daher bin ich verwirrt. Es gibt da drinnen sonst einfach nichts anderes anzusehen. Deshalb ist es mir egal, was er denkt.

„Ich werde dich nicht töten."

Ihr Garten ist groß genug für einen rechteckigen Pool. Es gibt an einer Seite sogar eine stilisierte Holzhütte, wo man Leuten beim Schwimmen zusehen kann, ohne einen zu starken Sonnenbrand zu bekommen. Es ist immer noch dunkel. Er wollte dort sitzen, ich schätze aus Gewohnheit. Ich weiß nicht, warum ich mir Gedanken mache. Ich muss ständig daran denken, was ich in seinem Zimmer gesehen habe. Entweder sitzen wir hier weiter schweigend beim Pool, oder wir fahren hinauf in die Hügel und sagen, was auch immer wir wollen. Das habe ich dort vorgeschlagen. Er hat Nein gesagt, aber ich kann erkennen, dass er sich noch nicht vollkommen sicher ist. Ich habe einfach vorgeschlagen, auch Pete mitzunehmen. Das hat etwas, das ich vielleicht verstehe, in seinen Augen bewirkt, und wahrscheinlich etwas in meinen, das ich nicht verstehe.

„Hast du ihn etwa geliebt?" Ein paar Minuten sind vergangen.

„Wen?", sagt er. Er hat bewegt auf den Pool gesehen, aber jetzt sieht er mich an, als wäre ich im Pool. Ich glaube, er ist nur verwirrt wegen dem „hast du". Wir sitzen relaxed auf zwei Metallsesseln. „Scheiße, nein."

„Warum wolltest du dann, dass wir ihn töten?"

„Ich weiß nicht", sagt er. „Vielleicht hasse ich Schwule."

„Sie bringen einen durcheinander."

„Nein, tun sie nicht", sagt er.

„Ich finde schon."

„Ich habe immer bewundert, dass du diesen Rand getötet hast", sagt er. „Vielleicht deshalb."

„Darüber will ich nicht reden."

„Von mir aus, ich fand es halt cool."

„Manchmal glaube ich, ich will so sehr, dass mich die Leute mögen, dass es mir egal ist, ob sie schwul sind und wollen, dass ich schwul bin."

„Über so was denke ich nicht nach", sagt er und setzt sich auf. Er faltet seine Hände, oder eine schnappt die andere als Hilfe.

„Doch, tust du."

Er sagt so lange nichts, dass ich ihm einen Blick zuwerfe. Bei all dem hat er zu irgendeinem Zeitpunkt die Augen geschlossen, ich weiß nicht wann. Vielleicht, als er sich aufsetzte.

„Doch, tust du."

„Ich will einfach nicht, dass mich irgendwer kennt", sagt er.

„Wieso? Du bist cool."

„Ach so?", sagt er. „Wann hast du das entschieden?"

Ich muss nachdenken. „Ganz ehrlich?"

„Nein", sagt er und schaut mich an. „Ich bin so gut wie tot, verdammt nochmal." Das hat ihn eine Sekunde gekostet. „Dieser scheiß Mong hat der Polizei erzählt, dass ich ihn vergewaltigt habe."

„Ich bin auch so gut wie tot."

„Das bist du wirklich", sagt er. Er lächelt, dann versucht er wieder, es nicht zu tun. Das ist nett. „Okay, also wann hast du das entschieden?"

Wir haben uns einfach eine Weile unterhalten. Ich schätze, ich habe vor allem persönliche Fragen gestellt. Er hat sehr viel geschwiegen. Dann ist er zurück ins Haus gegangen und ist mit seinem Telefon herausgekommen. Er hat eine richtig lange Nachricht für Jeanne hinterlassen. Wenn er mit anderen Nazis redet, auch mit ihr, würde man nie auf die Idee kommen, dass er einsam ist. Das habe ich gerade gesagt, was ihn eine Sekunde lang vergessen lässt, was er zu Jeanne gesagt hat. Ich weiß, das ist gemein. Seine Nachricht war vor allem ein Befehl, einige Gewehre in ihren Kofferraum zu legen und sich dann mit dem Rest ihrer Gruppe an einem Ort zu treffen, dessen Namen ich nicht kenne. Vielleicht ist er ausgedacht. Zuvor hat er mir ein dreckiges, gefaltetes Stück Papier gegeben. Er hat die Unterwasserflutlichter des Pools angemacht, damit ich es lesen konnte. Ich knie und halte es dabei etwa einen Zentimeter über der Oberfläche. Ich habe etwas Privates und Schwules erwartet, aber es ist bloß eine alte, ausgedruckte Liste jener Schüler, die er erschießen wollte. Tran steht nicht darauf. Ich habe sie dreimal gelesen, um sicherzugehen, dann sah ich nach Gilman. Ich bin sicher, ich habe verwirrt ausgesehen. Er ist jetzt nicht mehr am Telefon und hat mir beim Lesen zugesehen. Die Namen auf der Liste gehören zu fast drei Vierteln Mädchen, und die Wörter klingen alle weiß. Er sieht wieder einsam aus. Ich glaube, das kommt zum Teil von manchen Gedanken über mich und zum Teil darüber, sich hinterher vielleicht selbst zu erschießen wie die Columbine-Typen.

Das ist ein Teil von dem, worüber wir gesprochen haben. Er will nicht wirklich sterben, das merke ich. Er mag mich. Ich glaube, er hätte mich beinahe gebeten, auch dort zu sein und ihn zu erschießen. Er wird wahrscheinlich Jeanne bitten, oder einen anderen Nazi, wenn ich es nicht tue. Bevor ich mich entscheide, muss ich wissen, ob ich so wütend werden kann. Ich habe gerade wieder die Kombination aus Hügel und vielleicht auch Pete vorgeschlagen, dann gebeten, das Telefon benützen zu dürfen, während er sich entschied. Er hat es mir ausgehändigt, dann angefangen zu weinen. Er versucht wirklich, still dabei zu sein, ich schätze, damit es seine Eltern nicht hören.

***

„Wo bist du?", sagt Jim. Ich stand beim Zaun, als er ranging. Jetzt gehe ich wirr im Kreis. Ich weiß nicht, warum ich weiter zu Gilman schaue. Ich schätze, es kommt daher, dass er weiter weint und mich ansieht.

„Ich hab gedacht, dir geht's gut."

„Warum hast du mich hiergelassen?", sagt er. Er war bereits außer Atem. Ich schätze, auch er weint jetzt.

„Du musst deine Pillen nehmen."

„Die sind unten", sagt oder schreit er. „Ich geh da nicht runter."

„Ich komm zurück." Ich schätze, ich hatte blöderweise das Gefühl, dass das, was ich im Haus getan habe, irgendwohin verschwunden wäre, wo ich nicht hin konnte.

„Wann?", sagt er.

„Warte vorne draußen auf mich, dann werde ich dich aufgabeln."

„Nein", sagt er.

„Mach einfach die Augen zu und geh hinaus."

„Ich kann nicht", sagt er.

„Ich hab sie mit Laken zugedeckt."

„Ich kann nicht", sagt er lauter.

Gilman weint noch immer und sieht mich an, wenn er kann, aber das ist nur sein Problem. Wenn Jim weint, vernichtet mich das jedes Mal. Das vergesse ich. Deshalb liebe ich ihn wahrscheinlich entweder zu sehr oder nicht genug, und keinen anderen. Ich weiß nicht. Gilman wirkt dadurch, als ob er leicht zu lieben oder töten wäre. Ich weiß, dass er das nicht ist.

„Geh heute nicht zur Schule." Jude nahm den Hörer ab, als sie mich hörte. Ich kann erkennen, dass sie geschlafen hatte. Das hat was zu bedeuten. Zuvor habe ich mich neben Gilman gesetzt und ihn intensiv angesehen, bis er versucht hat, mich intensiv anzusehen, dann nicht konnte. Das genügt auch.

„Larry?", sagt Judes Stimme wieder.

„Tu's einfach nicht."

„Okay", sagt Gilman mit dieser piepsenden und schniefenden Stimme.

„Warum kommst du nicht her?", sagt ihre Stimme. Das hätte so sanft geklungen, selbst vor zwei Tagen.

„Ich bin verrückt, Jude." Dann lege ich meine Hand über das Telefon. „Mit oder ohne Pete?"

„Komm her, okay?", sagt ihre Stimme.

Ich nehme meine Hand vom Telefon. „Geh heute nicht zur Schule." Dann lege ich sie wieder drauf.

„Okay, okay", sagt ihre Stimme.

„Ohne", sagt Gilman und schlägt gewissermaßen beide Hände vor sein Gesicht.

Ich nehme für eine Sekunde meine Hand vom Telefon. „Ich muss etwas tun, und dann komme ich vielleicht."

„Larry", sagt Gilman.

„Wart eine Sekunde." Dann bedecke ich das Telefon. „Was?"

„Ich meine ohne dich", sagt Gilman.

„Ich bin wirklich dumm, Larry", sagt ihre Stimme.

„Bullshit." Dann decke ich das Telefon ab. „Das spielt so überhaupt keine Rolle, Jude."

Man merkt, dass Gilman geweint hat und wieder anfangen könnte. Man sieht es tief in seinen Augen. Sie sind normalerweise zu kalt. Es spielt für mich keine Rolle mehr, warum. Ich habe das gefaltete Stück Papier beim Pool gelassen. Ich habe gedacht, er würde draufstarren. Als ich es aufgehoben habe, wurde mir klar, dass er auf den Pool starrte. Er hat die Lichter ausgemacht, vermutlich, um zu verbergen, dass er geweint hat. Deshalb ist der Pool nur ein Bild des Himmels, das heißt der Sterne und ein paar verwaschener Zentimeter an Bäumen.

„Hier." Ich hielt das Papier hin. Ich wedelte damit hin und her.

„Danke", sagt er, dann nimmt er es langsam.

„Also, warum die?"

„Ich glaube, wir haben abgestimmt", sagt er. „Ich weiß nicht. Das war vor etwa einem Jahr."

„Ach ja, weil Tran nicht draufsteht."

„Es waren nur Leute, die wir nicht kannten", sagt er. „Es ist armselig."

„Drum ist es gut, dass du's nicht tun wirst."

„Ja", sagt er. „Ich will nur Pete umbringen. Ich hasse seinen verdammten Bullshit."

„Das wirst du. Es wird fantastisch sein."

„Ach ja?", sagt er. Er setzt sich nach vor. Seine Augen hegen nichts Böses oder Kritisches gegen mich, oder ich kann es nicht sehen. Er sieht auch einfach nur richtig dünn aus und nicht Deutsch und nicht sonst irgendwie, wie er gerne sein möchte. „Interessiert mich einen feuchten Dreck."

„Doch, das tut's."

Gilman schaut zu den Sternen. Ich meine die, die kopfüber und verkehrt herum stehen und ein wenig auf dem Pool flackern. Also schaue ich auch darauf. „Ich bin nicht schwul", sagt er schließlich. „Tut mir leid."

„Ich weiß. Du bist einfach nur in Pete verliebt."

„Nein, bin ich nicht", sagt er. „Ich hasse ihn."

„Hör mal, ich habe Sex mit meinem Bruder gehabt. Das heißt nicht, dass ich schwul bin."

„Doch, das heißt es", sagt er.

Dann sitzen wir eine Weile still da. Ich schätze, ich schaue ihn hin und wieder an, und er schaut auf den Pool. Ich weiß nicht, warum ich gedacht habe, es würde ihn kümmern.

„Weißt du von der Sache über Dylan Kliebald?", sagt er schließlich und steht auf. Also will er vermutlich, dass ich gehe. „Und dass er den ganzen Scheiß angeblich getan hat, weil er Harris nicht haben konnte?"

„Er war nicht schwul."

„Ich weiß, vielleicht bist du ja so", sagt er. Dann setzt er sich ohne mich wieder in Bewegung Richtung Haus.

„Gott, schön wär's."

Als ich nach Hause komme, sitze ich einfach nur eine Minute lang im Wagen. Es ist hell. Ich glaube, ich wäre weggefahren, wenn ich nicht hinaufgeschaut und Jim an meinem Fenster gesehen hätte. Ich schätze, er hält nach mir Ausschau. Wenn er eine Weile geweint hat, schaut er mehr aus wie meine Mutter als wie er selbst. Ich schaue immer mehr oder weniger aus wie mein Vater. Ihr Gesicht zu sehen, hat mich immer dazu gebracht aufzuhören, wenn ich nicht schon von alleine aufgehört hatte. Ich konnte daraus nicht schlau werden, und kann es auch jetzt nicht. Wenn das geschah, als er mir leid tat oder ich Angst hatte, schwul zu sein, kam ich immer zu dem Schluss, ich sei krank und in niemanden verliebt. Jim hat gerade gewunken, also habe ich vermutlich über ein Bild, das ich früher von meiner Mutter hatte, geschmunzelt, und er hat es falsch verstanden. Jetzt tue ich es nicht.

Jim hat gerade seine Medikamente genommen. Es hat nach einer Unmenge von Pillen ausgesehen. Ich habe für ihn die Fläschchen aus dem Badezimmer im Erdgeschoss geholt. Er liegt still auf meinem Bett, vermutlich, damit sich alles setzt oder verteilt. Ich bin online, nur um woanders zu sein. Das heißt, ich sitze an meinem Schreibtisch. Ich habe die E-Mails der Franks gesehen, dann das gerahmte Bild von Rand von meiner Kommode genommen. Es ist in der Nähe meiner Maus aufgestellt, wo ich ihn sehen kann, wenn ich will.

„Dr. Thorne hat angerufen", sagt Jim. Er klingt schon benebelter.

„Ja."

„Er wollte, dass wir heute hinkommen", sagt er und lacht.

„Das sollten wir." Auch ich habe gelacht.

„Ich glaube, es fängt an zu wirken", sagt er.

„Ja, ich weiß. Warte eine Minute."

„Das ist Fake", sagt Jim. Es war mehr ein Flüstern. Ich habe gerade sehr oft die zwei MP3s abgespielt. Nach einer Weile habe ich herumgeklickt.

„Ich weiß."

Es sind nur zwei gruselige, mehrere Sekunden lange Geräusche, außer wenn man lauter macht. Vielleicht hätte ich gedacht, dass es echt ist, wenn ich nicht meine Eltern getötet hätte. Ich kann das nicht erklären. Wenn man das Geräusch lauter macht, bis es fast verzerrt ist, kann man diese schwachen Stimmen hören. Sie sind so schwer auszumachen, dass sie für mich vermutlich einmal tot geklungen haben.

„Ich kann keine finden", sagt, glaube ich, eine Stimme. Es ist nicht mal die eines Menschen. Vielleicht klingt so Rands Seele, aber ich bin nicht schwul, und bin es nie gewesen, und weiß das.

„So hat er nie geklungen, oder?"

„Es ist Fake", sagt Jim wieder. Er klingt auch nicht wie er selbst. Daher habe ich keine Ahnung.

„Ich bin hier drüben", sagt, glaube ich, die zweite Stimme. Es ist beinahe bestimmt die eines alten Mannes. Wenn ich früher gefakte Aufnahmen hörte, von keinem, den ich kannte, spürte ich etwas. Ich schätze, die Stimmen klangen immer alt. Vielleicht ist das alles, was ich gespürt habe.

„Sie hat mir gesagt, das sie gefakt sind", sagt, glaube ich, Jim.

„Wer?"

„Diese Reporterin", sagt, glaube ich, Jim.

„Ach ja?" Sie interessiert mich nicht mehr. Oder vermutlich auch Rand. Das Bild von ihm ist so platt. Früher war es, wie in einen Tunnel hineinzusehen.

Ich musste Jim vorsichtig rücklings die Treppen hinunterbringen, während er seine Augen bedeckte. Ich hatte nicht vor, zu meinen Eltern hinüberzusehen, bis ich etwas hörte, das ich früher mochte. Der Fernseher ist immer noch an. Ich glaube, wenn er aus wäre, wären sie allzu tot. Ich schätze, da läuft irgendwas über Marilyn Manson in irgendeiner Frühstücksnachrichtensendung. Ich mochte ihn, bevor Rand gestorben ist. Jeder, den ich kannte, mochte ihn mehr oder weniger. Genau genommen bin ich der Meinung, dass er sich schon vorher abgenützt hat. Ich sah nur auf den Fernseher, um zu sehen, ob er sich verändert hatte. Er trug jenes Make-up und Kostüm, das er schon vor Jahren hatte, oder solche, die genauso waren. Ich wette, Gilman hört ihn immer noch leidenschaftlich. Das war alles, was ich dachte. Nichts darüber, dass meine Eltern tot sind, oder dass er sie immer aufgeregt hat. Ich glaube, wenn die Leute verstünden, warum sich Marilyn Manson abnützt, würden sie Gilman dafür mögen, dass er so verwirrt und gutgläubig dem Tod gegenüber ist. Ich mochte ihn mehr, als ich das dachte, aber nicht genug, um Anteil daran zu nehmen, ob er Pete, und dann sich, tötet oder nicht. Ich weiß, das ist kalt. Vielleicht schaute ich ja auch dorthin, wo sie waren. Ich meine meine Eltern. Ich hatte nicht den Eindruck, dass ich es getan habe. Aber ich hätte nie gedacht, dass mich Marilyn Manson dazu bringen würde, über den Tod nachzudenken, nach all dem, was wirklich passiert ist.

Wir sind gerade bei Jims Schule vorgefahren. Das ging für mich mehr oder weniger automatisch. Ich weiß, wie schrecklich er aussieht. Er war high gewesen von den Medikamenten und vielleicht der Straße. Er schaute zur Schule, oder auf die Kids in etwa seinem Alter, die vor der Schule abgesetzt wurden. Ich schätze, er will nicht aussteigen, und ich glaube nicht, dass ich ihn gelassen hätte. Als ich all diese Kids sah und begriff, wie sehr er nicht so war wie sie, wollte ich ihm sagen, ich liebe dich. Nur konnte oder tue ich es nicht. Dann steckte der Lehrer, den Jim mag, sein Gesicht durchs Fenster. Ich hatte ihn nicht gesehen. Er lächelt Jim an, als ob nichts wäre, obwohl Jim von den Prügeln unglaublich wund und verschwollen ist.

„Wir haben dich gestern vermisst", sagt der Lehrer. Er ist ein wenig korpulent und blond, und einfach nur ein nichtssagender Mann.

„Hi", sagt Jim leise.

Der Lehrer lächelt Jim weiter an, dann lächelt er auch mich an. „Bist du der berühmte Larry?", sagt er.

„Ja."

Irgendwas ist mit seinem Lächeln passiert. Ich meine, es ist beinahe ein Lachen. „Okay", sagt er. Dann kneift er Jims Schulter und geht weg. Jim dreht sich und sieht zu, wie er geht. Als er in einiger Entfernung ist, schaut er nochmal zurück zu Jim, ohne das Lächeln.

Das kostet mich eine Sekunde. „Vielleicht kannst du bei ihm leben." Ich habe das als Scherz gemeint, aber ich schätze, es ist keiner.

„Ich bin sicher, er würde mich lassen", sagt Jim.

Ich weiß nicht, warum, aber ich raste aus. Ich remple Jim, so fest ich kann, gegen die Beifahrertür. Es war nicht sehr fest. Zuerst schaute ich hinaus und sah diesen Lehrer mit einem zweiten, zornig aussehenden, Erwachsenen zurück zu meinem Auto kommen. Aber das war's nicht.

„Steig aus, okay?"

„Macht es dir nichts aus?", sagt Jim. Das tut es, aber er ist schon draußen, oder fast. Er muss nur die Tür zuschlagen.

„Ich weiß nicht."

Es dauert nur ein paar Minuten, von seiner Schule zur Highschool zu fahren. Aber ich hatte Zeit, mich zu entscheiden, wie ich die Nachricht, die ich an Jim schrieb, beenden würde, wenn es ihn zu diesem Zeitpunkt interessiert hätte. Ich schätze, ich würde das schreiben, wenn ich in seinem Alter wäre, Dad bekam Krebs und brachte einen so durcheinander, dass unsere Mom zur Trinkerin wurde. Ich wusste nicht, dass der einzige Mensch, der mich damals liebte, Nacktfotos von Jim gemacht hat. Jim hätte es mir erzählen sollen. Oder Rand hätte mich genug lieben sollen, um nicht damit anzufangen. Vielleicht hat Jim so deprimiert ausgesehen, dass Rand dachte, es spiele keine Rolle. Oder Rand war so wütend auf mich, dass es ihm gleichgültig war. Aber Jim wurde spät nachts immer so verwirrt, ohne mir zu sagen, warum, und wollte reden. Worte haben mich immer interessiert, aber ich schätze, er wollte die Liebe. Also tat ich als ob. Ich wusste nicht, dass er Rand liebte, und bei mir nur so tat. Vielleicht hätte ich nicht nur so getan, wenn ich das begriffen hätte. Vielleicht wusste Rand, dass ich ihn zu sehr lieben würde, und dachte, Jim wäre wie er. Ich meine, die ganze Zeit über so deprimiert, dass er niemand wirklich lieben konnte. Aber Jim konnte, und ich konnte nicht. Ich weiß nicht, warum wir uns nicht gegenseitig liebten. Ich weiß nur, was wir in dieser Zeit getan oder nicht getan haben, hat mich verrückt werden lassen. Ich weiß nichts über sie. Ich glaube, wenn ich das alles niederschreiben könnte, würde Jim verstehen, warum ich ihn nicht liebe, falls es ihn interessiert. Dann könnte ich mich umbringen. Aber ich bin mir sicher, er würde daraufhin nur Rand vermissen und sich wieder umbringen wollen, also werde ich es nicht.

„Hey." Ich habe mich gerade neben Will aufs Gras gesetzt. Zwischen der Schule und einer kreisförmigen Zufahrt, auf die wir nicht hinzusehen versuchen, ist so eine Art Park. Es war immer zu heftig. Busse fahren hinein und setzen Schüler ab, später gabeln sie sie wieder auf, schätze ich. Man kann ihnen zusehen, wie sie herumstehen und aufwachen. Leute halten dort eine Sekunde lang ihren Wagen an, wenn sie Eltern sind.

„Was gibt's?", sagt Will mit einer Stimme, als ob es ihm egal wäre, was ich als nächstes sage. Ich schätze, er war schon immer so.

„Nichts. Wo ist Tran?"

„Irgendwo, wo er der Freak sein kann", sagt er.

Dann sitzen wir nur da und sehen zu, wie die Welt wie immer gegen uns arbeitet.

„Willst du was wissen?"

„Nicht wirklich", sagt Will.

Mir ist es egal, ob es so ist. Vielleicht ist es den meisten Freunden egal. Vielleicht ist es nicht so wichtig. Deswegen verbringe ich ein oder zwei nette Sekunden, in denen ich realisiere, dass wir Freunde sind und sehe ihn sogar an. Ich weiß, das tue ich immer. „Wow."

„Was?", sagt er und sieht mich auch an.

„Tut mir leid, dass ich dir Jude weggenommen habe."

„Okay", sagt er.

„Du bist wirklich ein guter Freund."

„Ach ja, also du bist ätzend", sagt er und lächelt. Als er das macht, muss er wegschauen ins Nichts. Ich habe es überprüft. Ich weiß nicht, warum das so süß ist. Es ist immer noch süß, als ich das geparkte Auto sehe. Ich habe es dort nicht bemerkt, bis Gilman alleine mit einem Gewehr ausstieg. Ich habe das Gewehr nicht zur Kenntnis genommen, bis jeder zur kreisförmigen Zufahrt hinsah, als ob es unglaublich irritierend wäre. Dann bin ich einfach nur überrascht, dass es nur Gilman ist, und dass er Pete nicht getötet hat, oder es nicht geholfen hat, Pete zu töten.

„Oh Gott", sagt Will.

Gilman schießt vor sich her. Das ist das Erste. Sein Gewehr war auf eine kleine Gruppe von Typen gerichtet, die beginnen, sich zu ducken oder herumzurennen. Ich glaube, er hat ein Mädchen erwischt. Dann kann ich nichts sehen, weil die Leute zwischen uns laufen. Da ist er gerade noch. Er hat aufgehört zu gehen. Ich glaube, er versucht zu sehen, wen er erschießt. Dann geht er langsam in die Schule. Er ist weg. Jeder um uns herum setzt sich wieder und lacht nervös und redet. Ich kenne sie nicht wirklich. Will hat gerade begonnen, mit ihnen und anderen Leuten, die wir nicht einmal mögen, zu reden. Ich glaube, ein paar davon weinen. Ich denke die ganze Zeit, Gilman hat aufgehört oder ist von jemandem gestellt und aufgehalten worden. Dann werde ich wieder einen Schuss hören. Sie sind jetzt merkwürdig weit weg. Daher schätze ich, er legt endlich Wert darauf, wer getötet wird. Vielleicht sind es sogar Leute, die er kennt. Schließlich hört das Schießen einfach auf. Vielleicht hat er, als er anfing, Anteil daran zu nehmen, wer tot war, realisiert, dass er sterben könnte. Oder er hat schlussendlich begriffen, was er tun wollte, und es entweder getan oder gewusst, dass er es nicht konnte. Vielleicht war der letzte Schuss auf ihn gerichtet. Er klang wie alle andern.